Birgit & Dr. Wolfgang Schilling

KINDERLOS

Ein Ehepaar berichtet über Wege
aus der Hoffnungslosigkeit

BIRGIT & DR. WOLFGANG SCHILLING

Kinderlos

Ein Ehepaar berichtet

über Wege aus der

Hoffnungslosigkeit

Schulte & Gerth

© 1996 Verlag Klaus Gerth, Asslar
Best.-Nr. 815 425
ISBN 3-89437-425-X
1. Auflage 1996
Umschlaggestaltung: Olaf Johannson
Satz: Typostudio Rücker & Schmidt
Druck und Verarbeitung: Ebner Ulm
Printed in Germany

INHALT

VORWORT

Wie kommt jemand wie ich, der selbst mit großem Kindersegen beglückt wurde, dazu, sich mit dem Thema Kinderlosigkeit zu befassen?

Die Hilflosigkeit während der Begegnung mit einem kinderlosen Paar, stellt mich vor heikle Fragen: *Wie gehen sie mit diesem „Mangel" um? Darf ich das Thema „Kinder" überhaupt anschneiden? Wie kann ich ihnen helfen und unbefangen darüber reden?* Mit einer falschen Bemerkung kann man recht schnell Wunden aufreißen oder ins Fettnäpfchen treten!

Da ich weiß, daß es nicht nur mir, sondern vielen anderen so geht, lud ich Birgit und Wolfgang Schilling ein, bei einem Seminar unserer Familienarbeit zum Thema Kinderlosigkeit zu referieren. Als die beiden zu der Gruppe sprachen, spürte man ihre tiefe Betroffenheit über ihre eigene Kinderlosigkeit. Gleichzeitig wurde deutlich, daß sie ihren Lebensweg mit diesem Schicksal versöhnt gehen. Ihre Tagebuchnotizen, die Birgit auch in diesem Buch zitiert, nehmen einen unmittelbar in die schweren Zeiten des Fragens, Zweifelns und Leidens hinein und machen sie als Autorin umso glaubhafter.

Eberhard Mühlan

EINLEITUNG

„Die letzten drei Tage war ich umgeben von Nacht, von dichtem Nebel. Wie ein großes Dunkel kommt mir mein Leben vor. Das Einzige, was mich erfüllt, ist der Wunsch, das große Verlangen nach einem Baby. In mir ist es, als ob ich ohne die Erfüllung dieses Traumes nicht leben kann."

Das ist eine Eintragung aus meinem Tagebuch inmitten der Auseinandersetzung mit unserer Kinderlosigkeit. Wer sich selbst vergebens ein Baby wünscht, weiß, wovon ich spreche. Über Jahre hinweg setzten wir uns mit dieser Not auseinander. Wir erlebten Zeiten des Hoffens, des Nichtwahrhabenwollens, der Depression, der Auflehnung und des völligen Fixiertseins darauf, ein Kind zu bekommen.

In unserer Gesellschaft kann man als kinderloses Paar recht gut durchkommen, und immer mehr Ehepaare wählen aus den unterschiedlichsten Gründen bewußt diesen Familienstand. In christlichen Kreisen hingegen wird der Familie mit Kindern ein besonderer Stellenwert zugeschrieben, und Kinderlosigkeit ist dort um so schwerer zu verkraften.

Als ich merkte, daß es mit dem Schwangerwerden

7

nicht klappte, suchte ich immer wieder verstohlen auf den Büchertischen in verschiedenen Gemeinden nach einem Buch für betroffene Paare, aber vergeblich. Ein Ehe- und Familienbuch nach dem anderen erschien auf dem Markt, aber keins zum Thema Kinderlosigkeit. Wir fühlten uns damals in unserer Not alleingelassen. Wie groß war die Freude, als wir nach einigen Jahren in England ein Buch zu diesem Thema fanden und erfuhren, daß wir doch nicht die einzigen waren, die so enorm unter dem Ausbleiben eines leiblichen Kindes litten.

Mit den Jahren wuchs in uns der Wunsch, unser Erleben mit anderen betroffenen Paaren zu teilen. Wolfgang und ich berichten in diesem Buch sehr offen von unserem Ergehen. Wir machen uns verletzlich, wie man es sonst nur vor guten Freunden wagt. Weil wir so persönlich schreiben und mit dem Leser im Gespräch sein wollen, haben wir die persönliche ‚Du-Form‘ gewählt. Dabei gehe ich, Birgit, vor allem auf die persönlichen Aspekte der Kinderlosigkeit ein und Wolfgang, als Arzt, auf die medizinischen.

Wir möchten euch mit diesem Buch durch und durch Mut machen. Gott hat einen gangbaren Weg für uns, und er hat ihn auch für euch.

Unsere Kämpfe und Auseinandersetzungen mit dieser Not hielt ich in meinen Tagebüchern fest. Beim erneuten Durchlesen meiner Aufzeichnungen sowie in Gesprächen mit anderen betroffenen Paaren wurden mir verschiedene Phasen in der Verarbeitung unserer Kinderlosigkeit deutlich.

Ich habe dem Aufbau des Buches diese Phasen zugrunde gelegt. Sie ähneln denen eines Trauerprozesses, der Reaktion auf eine unheilbare Krankheit oder den Verlust eines geliebten Menschen.

Die Kinderlosigkeit ist ein großes Leid, und um es zu

verarbeiten, muß Trauerarbeit geleistet werden. Das geht nicht im Schnellverfahren, sondern erfordert Zeit. Es braucht Geduld und Barmherzigkeit, vor allem mit sich selbst. Das Tröstliche ist: Gott ist von Anfang an an unserer Seite – und nicht erst, wenn wir alles bewältigt haben. Er ist bei uns und begleitet uns liebevoll durch diesen Prozeß.

Ich habe die einzelnen Phasen recht klar voneinander getrennt. In der Realität liefen sie nicht so schematisch und geordnet nacheinander ab. Aber ich denke, daß diese Einteilung hilfreich ist, um die verschiedenen Elemente der Trauer zu erkennen und zu verstehen. Dabei können einige Phasen gleichzeitig auftreten, oder manche Phasen wiederholen sich. Wenn ich mir meine Tagebücher anschaue, fällt mir auf, daß ich bestimmte Phasen mehrmals durchlief.

Da wir alle unterschiedlich sind, reagiert auch jeder Mensch, jede Frau und jeder Mann, ganz verschieden auf die eigene Kinderlosigkeit. Da gibt es kein Schema. Deshalb ist es mir auch wichtig, in diesem Buch andere betroffene Paare zu Wort kommen zu lassen. Nicht jeder kann sich mit unserem Erleben identifizieren. Und doch staune ich immer wieder in Gesprächen mit anderen Paaren, denn vieles wird ähnlich empfunden und durchlitten. „Genauso haben wir es erlebt", ist ein Kommentar, den wir oft zu hören bekommen.

Dorothée und Hans-Joachim Hahn, Anja und Christian Klapproth, Anke und Ulli Neuenhausen, Vreni und Dieter Theobald, Annelies und Einar Wilder-Smith und anderen danken wir, daß sie uns ihre Beiträge zur Verfügung gestellt haben.

Jedem Kapitel füge ich am Ende „Gedankenanstöße" hinzu. Sie sollen Anregungen sein, um als Paar miteinander ins Gespräch zu kommen. Manchmal sind es auch

praktische Tips, als Hilfen für die spezielle Auseinandersetzung in der jeweiligen Phase.

Inzwischen sind Jahre vergangen. Gott hat uns durch
den Trauerprozeß hindurchgetragen. Er hat uns an vielen
Stellen heil werden lassen, hat in unsere Situation hin-
eingesprochen und uns Perspektiven für unser Leben geschenkt.

PHASE DES HOFFENS
UND BANGENS

Wolfgang und ich saßen auf der Heimreise von einer
Pfingstjugendkonferenz im hinteren Teil des Busses.
Ich schwebte wie auf Wolken. Vor wenigen Tagen erst
hatte ich diesen Mann kennengelernt, mich Hals über
Kopf in ihn verliebt, und nun hatte er sich ganz entgegen
den Gepflogenheiten der Jugendgruppe auch noch direkt
neben mich gesetzt. Ich war selig. Für einige Stunden
waren wir ungestört. Die Rheinschlösser rauschten an
uns vorbei und versetzten mich in noch romantischere
Stimmung.

Obwohl wir uns gerade erst kennengelernt hatten,
sprachen wir sehr offen über unser Leben und unsere
Vorstellungen von der Zukunft. Ich registrierte genau,
daß Wolfgang sich eine Familie mit Kindern wünschte.
Obwohl ich mit meinen achtzehn Jahren noch sehr jung
war, hatte ich bereits feste Pläne für mein Leben: Mit
zwanzig Jahren wollte ich heiraten und dann in zwei-
jährigen Abständen vier Kinder bekommen. Natürlich
würde dies stressig werden, aber ich wollte unter allen
Umständen eine junge, dynamische Mutter sein.

Es folgten Monate des Kennenlernens: Wir beide

waren glücklich über das Geschenk des anderen, und wie mit einem Schatz gingen wir behutsam damit um.

Das Glück schien einfach perfekt zu sein: Die junge Schwesternschülerin trifft ihn, ihren Traummann: einen schmucken Assistenzarzt. Der kinderlose Onkel ist praktischer Arzt und will in Kürze seine Praxis an einen Nachfolger übergeben. Auch er ist entzückt über die Aussicht, sein Lebenswerk dem zukünftigen Neffen anzuvertrauen.

„Seit Deiner Geburt steht Deine Existenz auf der Sonnenseite des Lebens." So drückte mein Vater seine Gedanken in einem Geburtstagsbrief an mich aus. Und ich mußte ihm recht geben. Ja, das Leben schien mir freundlich gesonnen, und ich freute mich auf die Zukunft, von der ich, ganz typisch, schon glorreiche, feste Vorstellungen hatte.

1981, zwei Jahre nach dieser Busfahrt, fand die Hochzeit statt. Meinem damaligen Selbstbild entsprechend hatte ich gerade mit „Glanz" mein Examen abgelegt, und nun konnte mein Leben ebenso auf Wolken schwebend weitergehen. Doch dann kam alles anders, ganz anders, aber dazu später.

„Birgit, paß nur ja auf. Dein Vater brauchte mich nur anzusehen, und ich war schwanger." So pflegte mich meine Mutter vor der Hochzeit zu warnen. Über einige Monate nahm ich die Pille, und dann stiegen wir auf die sogenannte symptothermale Methode um, in der während der fruchtbaren Zeit Enthaltsamkeit angesagt war. Das fiel uns als jungem Ehepaar zwar nicht leicht (und später dachten wir öfter daran, daß dieser ganze Aufwand unnötig gewesen war), aber wir fanden diese Methode am geeignetsten für uns. Nach gut einem Jahr empfanden wir dann den Wunsch nach Nachwuchs.

Der Prophezeihung meiner Mutter gemäß rechnete ich

damit, gleich im ersten Monat, in dem wir es „drauf ankommen ließen", schwanger zu werden. Doch dem war nicht so. Nun, ich wußte, daß es normalerweise 3 bis 6 Monate dauert, bis sich eine Schwangerschaft einstellt. So rechnete ich zu dem damaligen Datum 9 Monate und 7 Tage hinzu und träumte davon, zu diesem Zeitpunkt ein Baby im Arm zu halten.

Ich begann durch die Kaufhäuser zu schlendern, schaute mir Schwangerschaftskleidung an und überlegte, ab wann ich sie wohl tragen würde. Nein, wie viele Frauen bereits im 3. Monat stolz damit rumliefen, das würde ich nicht tun. Und wie süß waren all die Babykleider! Ich würde unser Kind schon niedlich anziehen! Nur das Beste sollte es sein. Mein ganzes Denken war erfüllt von der Erwartung, schwanger zu werden.

Doch Monat für Monat verging, und die erhoffte Schwangerschaft trat nicht ein. Ich konnte es nicht fassen.

Unfruchtbarkeit, Kinderlosigkeit!!

Natürlich hatten wir das Problem in unseren Ausbildungen kennengelernt und wußten, daß etwa jedes sechste bis achte Ehepaar ungewollt kinderlos bleibt. Aber so etwas trifft doch andere, nicht uns!? Mir kam unsere Ehe vor wie eine Love-Story ohne Happy-End.

Wir fühlten uns über lange Strecken allein mit unserer Not. Freunde versuchten uns zu ermutigen, indem sie meinten, daß Gott in all dem eine bestimmte Absicht verfolge. Obwohl wir wußten, daß dies sicher faktisch stimmte, konnten wir doch innerlich diese „Hilfe" nicht annehmen. Unsere Freunde hatten Kinder. Sie hatten unseren Weg selbst nicht durchlitten. Wie konnten sie die Tiefe unserer Verzweiflung verstehen? Schlimmer noch waren gedankenlose Kommentare, die wir zu hören bekamen, wie zum Beispiel:

- „Na, klappts bei euch nicht?"
- „Wenn ihr keine eigenen Kinder bekommt, könnt ihr doch welche adoptieren."
- „Wenn ihr bei uns das Chaos mit den Kindern erlebt, seid ihr bestimmt froh, keine zu haben."

Diese Bemerkungen vermehrten den inneren Schmerz und verletzten uns sehr. Im ersten Jahr unseres Wunsches, ein Kind zu kriegen, konnte ich bald die Monate in drei Zeitabschnitte einteilen:

1. „Leider wieder nicht schwanger", nachdem meine Periode einsetzte, verbunden mit Traurigkeit.
2. „Diesmal wird es bestimmt klappen" – steigende Euphorie und Hoffnung breiteten sich aus.
3. „Und wenn es doch wieder umsonst gewesen sein soll?" war die bange Frage gegen Ende des Zyklus, bis es sich bestätigte, daß ich wieder nicht schwanger war.

Wenn der Geschlechtsverkehr bisher noch unserer Lust entsprechend stattgefunden hatte, änderte sich dies bald radikal. Vor dem Eisprung war Enthaltsamkeit angesagt, und dann, zum Zeitpunkt des Eisprungs mußten wir einfach so oft wie möglich miteinander schlafen, ob uns danach zumute war oder nicht. So entwickelte sich allmählich unsere vorher positiv erlebte Sexualität zum Riesenstreß. Sogar unser Terminkalender mußte daraufhin ausgerichtet werden, so daß Wolfgang nicht gerade zum Zeitpunkt des Eisprungs unterwegs war.

Ich merkte, daß ich während des Zusammenseins mit Wolfgang in Gedanken gar nicht mehr bei ihm, sondern bei dem Baby war, das wir nun endlich zu zeugen hofften. Manches Mal war ich ganz euphorisch und innerlich überzeugt, daß es diesmal wohl klappen würde. Aber es gab auch Zeiten, in denen ich danach in Tränen ausbrach. Die Anspannung, ob ich wohl diesmal schwanger werden würde, war zu groß.

Dann gab es auch Situationen, in denen der eine oder andere von uns einfach nicht zum Geschlechtsverkehr fähig war, was wiederum Frust und Verzweiflung hervorrief.

Inzwischen weiß man, wie eng die Zusammenhänge zwischen Schwangerwerden und psychischer Situation sind. Allein das krampfhafte Bemühen, schwanger zu werden, kann sich empfängnisverhütend auswirken.

Während wir uns mit dem Frust auseinandersetzten, nicht wie geplant ein Kind zu bekommen, veränderten sich auch unsere Lebenspläne. Wir übernahmen nicht, wie geplant, die Praxis meines Onkels, sondern empfanden Gottes Anspruch an unser Leben und seinen Ruf, ihm in Übersee, in Nepal, zu dienen.

So änderte sich mein Leben, ja mein ganzes Lebensgefühl, schlagartig. – Es war ein Absturz in die Tiefe. Alle meine vorher gefaßten Pläne zerplatzten wie ein Luftballon, und ich schwebte nicht mehr auf Wolken.

Doch während ich dies schreibe, wird mir bewußt, daß es auch ein Abschied von der Oberflächlichkeit meines Lebens in tiefere Dimensionen war. Aber das konnte und wollte ich damals noch nicht sehen.

Annelies beschreibt, wie sie und Einar diese Phase erlebten:

„Nachdem ich nicht, wie geplant, schwanger wurde, drehte sich alles nur noch um meinen Zyklus. Ich begann meinen Körper sehr gut kennenzulernen. Sobald um den zu erwartenden Eisprung herum der Zervikalschleim spinnbar wurde, drängte ich auf Sexualverkehr, ob wir

15

Lust hatten oder nicht. Ich war immer voller Hoffnung. Während des Verkehrs stellte ich mir vor, wie die Spermien jetzt das Ei erreichen würden. Danach hing ich meinen Gedanken über unser eben empfangenes Baby nach. Würde es ein Mädchen, ein Junge werden? Wie würde es wohl aussehen? Ich würde es so gerne schon in den Armen halten.

Mein Zyklus war sehr regelmäßig, genau 28 Tage. Wenn es dann 29 Tage wurden, „wußte" ich, ich war schwanger! Vor Aufregung konnte ich nicht schlafen und dachte die ganze Nacht über unser Kind nach. Ungeduldig wartete ich auf den nächsten Tag, um einen Schwangerschaftstest durchzuführen und wurde dann doch am nächsten Morgen von meiner eingetretenen Periode enttäuscht.

Einmal wurden es sogar 31 Tage: Mein Mann und ich kannten kein anderes Gesprächsthema mehr als unser wachsendes Baby in meinem Bauch. Mit Spannung warteten wir das Ergebnis des Schwangerschaftstestes ab: negativ! Eine Stunde später setzte die Periode ein. Der Schmerz überwältigte uns, wir lagen einander in den Armen und weinten.

Die ersten Ehejahre waren gekennzeichnet vom Trauern um unsere monatlich erhofften Babys."

Gedankenanstöße

• Um den Eisprung möglichst exakt herausfinden zu können, ist es ratsam, die morgendliche Basaltemperatur zu messen, sie in eine Kurve einzutragen und den Zervikalschleim zu beobachten. Wie man eine solche Zykluskurve führen kann, ist im achten Kapitel beschrieben. Die Tage um den Teperaturanstieg ist die potentiell fruchtbare Zeit. Vom medizinischen Standpunkt aus ist es falsch zu meinen, jeden Tag um den Eisprung herum Geschlechtsverkehr haben zu müssen. Lebt vor dem zu erwartenden Eisprung drei Tage abstinent. Das ist wichtig, damit die Spermaqualität optimal ist. Und dann versucht am Tag des Temperaturanstieges zusammenzukommen, und erneut zwei Tage später. Das sind die optimalen Tage für eine Befruchtung.

- Wenn euch diese terminorientierte Sexualität zu sehr belastet, kann es ratsam sein, für eine Zeit alles Messen und Rechnen zur Seite zu legen. Eine verkrampfte Sexualität kann eure Beziehung sehr belasten und wirkt sich außerdem negativ auf die Fruchtbarkeit aus.

PHASE DER
DEPRESSIVEN GEFÜHLE

Nach etwa einem Jahr kam es bei uns und insbesondere bei mir zu einer Phase der depressiven Gefühle. Bisher kreisten meine Gedanken immer wieder um die Frage: Herr, warum läßt du uns so lange warten, bis wir ein Baby bekommen?

Nun verdichtete sich mehr und mehr die Angst: Kann es etwa sein, daß wir nie Nachwuchs bekommen? Kann es sein, daß wir ein unfruchtbares Paar sind?

Der Wunsch nach einem Kind wurde nun zur Besessenheit. All mein Denken drehte sich um ein Baby und um meinen Zyklus. Wie aus der Pistole geschossen konnte ich meinen jeweiligen Zyklustag nennen. Ich lebte praktisch nur noch von einer Periode zur nächsten. Um uns herum wurde eine Frau nach der anderen schwanger. Es verging manchmal kein Monat ohne eine Ankündigung von Nachwuchs. Auf einmal waren wir umgeben von lauter jungen Familien. Ich rutschte immer mehr in depressive Gefühle hinein. In mir war eine unerklärliche tiefe Sehnsucht nach einem leiblichen Kind.

Dazu einige Eintragungen aus meinem Tagebuch: „Nachdem ich gestern meine Periode bekam, durchlebte ich einen Tag tiefster Dunkelheit. In mir war das Empfinden, so nicht länger leben zu können. Wie von Nacht umgeben, konnte ich nur: ‚Oh, Herr, warum, Vater, oh, Jesus' beten. Ich war so von Verzweiflung überwältigt. Soll dies nun immer so weitergehen? Werde ich das je bewältigen? Wie kann ich jahrelang mit dieser Spannung und diesem Schmerz leben?

Ich weiß, in zwei bis drei Tagen ist alles verdrängt, und ich habe es wieder gepackt. Gepackt, bis es in vier Wochen wieder losgeht?"

„Gestern rief Andreas an. Christine ist schwanger. Ich habe mich für sie gefreut, aber es war auch wie ein Schlag ins Gesicht. Wie lange versuchen wir nun schon, schwanger zu werden, und bei ihnen – ein Ausrutscher, und Nachwuchs stellt sich ein."

„Eben erzählte Susanne mir, daß sie ein Baby erwartet. Über ein Jahr hatte es nicht geklappt, aber nun ist sie doch schwanger. Als wenn ich selber neben mir stünde, hörte ich mich freudig reagieren. In mir pochte mein Herz so heftig. ‚Nur nicht weinen', war mein Gedanke. Während des ganzen Hauskreises hörte ich kaum zu und antwortete nur mechanisch. Ich bekam auf einmal rasende Kopfschmerzen. Susanne sprach über das Harren auf Gott, auch in schwierigen Zeiten. Wie leicht kann Susanne das sagen, schien es mir. Sie ist schwanger!

Nun empfinde ich eine Mauer zwischen uns beiden. Meine innere Not, meine Enttäuschungen kann ich nun nicht mehr mit ihr teilen."

Diese Zitate zeigen, daß tiefe Traurigkeit oft in der Begegnung mit Freunden ausgelöst wurde, die wie geplant oder auch ungewollt schwanger wurden. Dabei wurden mir meine Leere, mein unerfüllter Wunsch wieder so überwältigend bewußt, daß ich mich zusammenreißen mußte, um nicht augenblicklich in Tränen auszubrechen.

Es gab Tage, an denen allein der Anblick eines Babys, eines Kinderwagens oder einer schwangeren Frau mich wie aus heiterem Himmel in tiefe Traurigkeit stürzen ließ.

Eine amerikanische Freundin sagte mir, daß sie an manchen Tagen sogar die Familienphotos mit Kindern und Babys umdrehte. Sie konnte den Anblick einfach nicht ertragen.

Wie viele Frauen litt auch ich besonders vor der Menstruation an psychischer Instabilität, Gereiztheit und Müdigkeit (in der Medizin *prämenstruelles Syndrom* genannt). Und gerade in diese Zeit hinein kam dann Monat für Monat die herbe Enttäuschung über die wieder nicht eingetretene Schwangerschaft.

Ich nahm meine Bibel zur Hand und las die Geschichten der kinderlosen Frauen im Alten Testament. Besonders das Gebet der Hanna, das uns in 1. Samuel 1 überliefert ist, berührte mich tief. Mein Herz war genauso verwundet wie ihres und sehnte sich nach der Erfüllung des Traumes von einem Baby. Zu Beginn trösteten mich diese Geschichten. Ich konnte mich mit den Frauen identifizieren und sah, daß sie, genau wie ich, enorm unter ihrer Kinderlosigkeit gelitten hatten. Doch mit der Zeit entwickelte sich bei mir ein fader Beigeschmack, denn alle diese Frauen wurden dann doch schwanger und hatten Kinder. Bei mir aber verging Monat für Monat, und es stellte sich trotz Sturmgebet keine Schwangerschaft ein.

Immer wieder rätselte ich über das Geheimnis der Mutterschaft. Was war denn das für eine „power" in mir, die so sehr nach Erfüllung dieses Traumes drängte? Warum hatte dieses Verlangen solche Macht über mich und verursachte immer wieder starke Traurigkeit? Warum fühlte ich mich als Frau ohne Kind so unerfüllt und leer?

Wenn diese Gedanken auch dein Empfinden widerspiegeln, ist es hilfreich, dir die Frage zu stellen: „Warum wünsche ich mir ein Kind? Was bedeutet mir ein Kind?"
Vielleicht werden dir spontan die verschiedensten Gründe einfallen. Ich möchte einige auflisten:

- Ich sehne mich einfach danach, daß wir eine richtige Familie werden.
- Ich möchte die Entwicklung eines Babys und Kindes miterleben.
- Ich möchte Schwangerschaft und Geburt erleben.
- Ein Kind gibt mir meine Identität als Frau und Mutter.
- Ich liebe meinen Partner so sehr und wünsche mir ein Baby als Ausdruck unserer Liebe zueinander.
- Durch ein Kind bekomme ich eine neue Aufgabe und mein Leben eine neue Dimension.
- In unserer Ehe kriselt es, und ich denke, daß ein Kind uns wieder zusammenbringen würde.
- Ich möchte gerne aufhören zu arbeiten und brauche dafür ein Kind zur Rechtfertigung.
- Ich möchte nicht anders sein als unsere Freunde. Sie kriegen nun auch nach und nach Kinder.
- Es war Gottes Plan, daß ein Ehepaar Kinder haben soll. Kinder sind ein Segen Gottes, und ich möchte auch diesen Segen erleben.
- Ich wollte schon immer Kinder. Das gehört einfach dazu. Meine Familie und Freunde erwarten es.
- Ich habe meine Eltern nie gekannt, und es war immer mein innigster Wunsch, selber einmal Vater bzw. Mutter zu sein.

Natürlich sind die Motive, warum wir uns Kinder wünschen, so unterschiedlich, wie auch wir verschieden sind. Besonders das letzte Motiv zeigt, daß viele Faktoren eine

Rolle spielen: unsere persönliche Geschichte, unser Selbstverständnis, unser Gottesbild, unsere Gesellschaft und vieles mehr.

Es ist gut, sich seiner Beweggründe für den Kinderwunsch bewußt zu sein. Manche Motive werden uns edel und andere egoistisch vorkommen. Das unterscheidet uns nicht von den Paaren, die wie geplant schwanger werden. Denn auch sie denken so. Es kann jedoch hilfreich sein, sich manche Gründe genauer anzuschauen und zu hinterfragen. Zum Beispiel: Würde ein Kind wirklich meine angeschlagene Ehe retten? Oder: Warum höre ich nicht auch ohne die Rechtfertigung, Mutter zu sein, auf zu arbeiten und gestalte mein Leben so, wie es meiner Begabung und Persönlichkeit entspricht?

Und doch meine ich, daß all diese Gründe mein Verlangen nach einem Kind letztlich nicht erklärten. Da war etwas tief in mir, das sich nach einem Kind sehnte. Es war manchmal ein fast körperliches Verlangen, ein Baby im Arm zu halten, verbunden mit dem Gefühl der Unerfülltheit, der Leere, des Sich-um-ein-Baby-beraubt-Fühlens. Den tiefen Schmerz, den ich empfand, nicht schwanger zu werden, konnte ich mit all diesen Gründen nicht erklären – und doch war er da.

Ich glaube, daß der Wunsch nach Kindern einfach emotional ganz tief in uns steckt. Dieses Verlangen bleibt mir letztlich ein Geheimnis.

Vermochte ich auch dieses Geheimnis nicht zu ergründen, so lernte ich doch die Intensität meiner Gefühle nun zu akzeptieren. Ich hatte einfach ein starkes Verlangen nach einem Baby, das nicht erfüllt wurde. Nun mußte ich mich ehrlich diesem Trauerprozeß stellen.

Die gleiche Frage stellte sich Debra Bridwell, und sie schreibt dazu: „In unserer Frauenstunde studierten wir das 1. Buch Mose. Als ich den Vers las ‚Und Gott sprach:

23

Lasset uns Menschen machen, ein Bild, das uns gleich sei' (1. Mose 1,26), sah ich meine Situation der Kinderlosigkeit aus einer neuen Sicht. Ich erkannte, daß Gott das Verlangen hatte, neues Leben zu schaffen, und er wollte es nach seinem Bild schaffen. Weil Gott uns mit seinen Eigenschaften geschaffen hat, sollte es uns nicht verwundern, daß wir sein Verlangen zu erschaffen, teilen. Dieses Verlangen hat Gott in uns hineingelegt. So ist es kein Wunder, daß wir erschüttert und verwirrt sind, wenn dieser Wunsch nicht erfüllt wird."[1]

Für viele Christen ist es eine der höchsten Berufungen ihres Lebens, eine Familie mit Kindern zu haben. Viele Frauen verknüpfen ihr Selbstverständnis eng mit einer Mutterschaft. Selbst die meisten Frauen, die im Beruf erfolgreich sind, kalkulieren Nachwuchs als entscheidenden Teil in ihre Pläne mit ein.

Vor kurzem schaute ich mit unserer 5jährigen Adoptivtochter Katharina ein Bilderbuch über die verschiedensten Berufe an und fragte sie dann, was sie denn werden wolle. Sie strahlte mich an und meinte: „Eine Mama!"

Wie stark haben viele von uns diesen Wunsch von klein auf verinnerlicht und definieren ihr Frausein gerade über die Mutterrolle. Wenn es dann mit dem Schwangerwerden nicht klappt, kommt eine große Verunsicherung auf.

Vielen Paaren fällt es schwer, ihre Not mit anderen zu teilen. Manche sprechen jahrelang mit niemandem über ihren unerfüllten Kinderwunsch. Keiner soll wissen, daß sie sich nach einem Kind sehnen, aber keins bekommen können. Es ist ihnen lieber, die anderen denken, sie hätten sich aus den verschiedensten Gründen gegen ein Kind entschieden, oder sie wollten noch kein Kind haben.

24

Was ist der Grund für dieses eigentlich paradoxe Verhalten?

In unserer Gesellschaft gilt besonders der etwas, der sein Leben aktiv plant und erfolgreich ist. Schwächen werden verdeckt, und nicht schwanger zu werden empfindet manches Paar als einen Makel, den es zu verbergen gilt.

Hinzu kommt die berechtigte Angst, durch gedankenlose Kommentare und Reaktionen von Freunden verletzt zu werden. Nach außen hin scheint alles in Ordnung zu sein, aber innerlich geht das Paar vielleicht durch ungeahnte Tiefen, die in der Einsamkeit noch schwerer zu verkraften sind.

Wolfgang und mich kostete es Überwindung, uns unseren Freunden anzuvertrauen. Auf einmal war etwas in unserem Leben, das nicht „glanz- und glorreich" war. Es war ein schwerer, aber wichtiger Prozeß, uns offen der Realität zu stellen und darüber mit unseren Freunden zu sprechen. Wenn sie den Schmerz auch nicht nachvollziehen konnten, waren sie doch an unserer Seite und begleiteten uns.

Wolfgang schildert, wie er sich und unsere Beziehung in dieser Phase erlebte: „Schon immer hatte ich mir Kinder gewünscht. Bereits als Jugendlicher liebte ich es, mit Kindern herumzutollen und zu spielen. Sie hingen an mir wie die Kletten. Meine Mutter sagte mir oft: ,Du wirst einmal ein guter Vater.' Als es dann mit dem Schwangerwerden nicht klappte, wurde meine Sehnsucht nach einem Kind immer stärker. Wenn wir bei Freunden waren, spielte ich wie gewohnt mit deren Kindern, während Birgit sich in dieser Phase eher von ihnen zurückzog. Nach solchen Besuchen empfand ich jedoch umso mehr meine Sehnsucht nach einem Kind. Einmal träumte ich davon, mit meinem Sohn Fußball zu spielen.

Wie genoß ich das! Als ich wach wurde, war in mir eine tiefe Trauer, diesen Jungen nicht zu haben.

Es fiel mir sehr schwer, Birgit leiden zu sehen. Meine tatkräftige Ehefrau war manchmal gar nicht wiederzuerkennen. Nach dem Eintreten der Periode hing sie total durch. Ich hatte dann das Gefühl, sie auffangen zu müssen, und so litt ich mehr mit ihr mit, als daß ich meine eigene Traurigkeit spürte und ihr Ausdruck verlieh. Ich meinte, durch Stärke, die eigentlich gar nicht da war, ihr Durchhängen ausbalancieren zu müssen. Da ich ein eher introvertierter Typ bin, mache ich vieles mit mir selbst aus. Irgendwie dachte ich, wenn ich nun auch noch durchhänge, brechen wir beide zusammen."

Bis vor kurzem habe ich aus unserem Erleben heraus vertreten, daß die Frau stärker unter der Kinderlosigkeit leidet als der Mann. Sicherlich gibt es dafür ganz offensichtliche Gründe. Schwangerschaft und Geburt sind nun mal Vorgänge, die sich in der Frau abspielen, und das nie erleben zu können, empfinden die meisten Frauen als ein großes Defizit.

Inzwischen frage ich mich jedoch, ob wir Frauen nicht nur *anders* leiden, einfach mehr nach außen hin und offensichtlicher. Wir haben es im allgemeinen leichter, unsere Gefühle zu zeigen und sie auch Freunden mitzuteilen. Selbst zu weinen ist für die Frau akzeptabel. Viele Männer jedoch hörten schon von klein auf: „Ein echter Indianer kennt keinen Schmerz" oder ähnliche Sprüche. So ist die Gefahr für ihn groß, die Traurigkeit über die Kinderlosigkeit zu verdrängen.

Jede Frau und jeder Mann leidet unterschiedlich. Da spielen verschiedene Faktoren mit hinein: Persönlichkeitsstruktur, Temperament, Frömmigkeitsstil, Familienhintergrund und vieles mehr.

Gedankenanstöße

- Achtet auf viel Zeit zum gemeinsamen Aus-
tausch, zur Kommunikation. Die Frau geht,
wie schon erwähnt, durch totale Gefühls-
bäder, durch vorher nicht gekannte Tiefen,
und dies über Monate und Jahre. Der Mann
erkennt unter Umständen seine Frau gar
nicht wieder, ist total frustriert und verunsichert. Die Frau muß sich ihrem Mann mitteilen, ihm sagen, was sie empfindet, denkt,
und ihm auch vermitteln, was ihr helfen
könnte. Aber er sollte nicht nur der Starke
sein müssen. Die Frau sollte ihn ermutigen,
seiner Traurigkeit Ausdruck zu verleihen,
auch zu weinen. Wenn ihr auch unterschiedlich empfindet, schenkt einander Raum, die
Gefühle zuzulassen, die in euch sind. Das
allein kann sehr befreiend sein.
- Haltet Ausschau nach einem Ehepaar eures
Vertrauens, nach Seelsorgern, die euch begleiten, die um euer Problem wissen und mit
denen ihr beten könnt. Wenn ihr es innerlich schafft, teilt eure Not euren Freunden
mit. Dies ist ein Wagnis, denn ihr könnt nicht
vorhersehen, wie sie damit umgehen werden. Es kann sein, daß sie euch aus Unkennt-
nis heraus mit irgendeinem „klugen" Satz
verletzen. Vielleicht reagieren sie jedoch
auch verständnisvoll und sind euch in der
kommenden Zeit eine Stütze.

- Die folgenden Ratschläge gelten besonders der Frau:

Erstens: Achte darauf, was dich immer wieder in den Keller der Traurigkeit rasseln läßt, und meide diese Situationen, wo du es kannst.

Zweitens: Überlege, ob dir der Frauenkreis mit Müttern, die sich über ihre Kinder austauschen, zur Zeit gut tut. Und wie ist es mit dem Babysitten für deine Freunde? Ist es dir eine Hilfe oder ein Verhängnis, wenn du auf ihre Kinder aufpaßt oder ihr Baby auf den Arm nimmst? Habe da gut acht auf dich, und steh zu deinen Gefühlen.

Drittens: Lebe einen ausgewogenen Lebensstil. Schlafe genug. Selbstmitleid und Depression sind noch schlimmer, wenn du übermüdet bist. Meide lange Zeiten des Alleinseins. Wo du es kannst, verwöhne dich selbst mit etwas, was dich erfreut. Plane Aktivitäten ein, die dir Spaß machen und dich ablenken. In all dem geht es nicht darum, die Problematik zu verdrängen, sondern einfach gut zu dir zu sein, und das hast du in dieser Phase nötig.

Viertens: Rede mit Gott über deine Gefühle, auch über den Neid auf deine Freundin, die wie geplant schwanger ist. Schütte dein Herz vor ihm aus. Zu ihm kannst du ungefiltert mit allen Gedanken und Gefühlen kommen. Er kennt dich sowieso bis in die tiefsten Schichten deines Seins.

FEHLGEBURT

Diejenigen, die nach jahrelangem Kinderwunsch endlich schwanger werden, dann aber das Baby durch eine Fehl- oder Totgeburt verlieren, gehen durch schwere Zeiten der Depression und Trauer. Jahrelang hat sie nur der eine Wunsch beseelt, nämlich der, endlich ein Kind zu bekommen. Wie übergroß war die Freude und das fassungslose Staunen über die eingetretene Schwangerschaft gewesen und nun.... aus!

Selbst Frauen, die wie geplant schwanger werden und bereits Kinder haben, berichten davon, wie sehr sie der Verlust des Kindes trifft. Dabei ist die Tiefe der Trauer nicht unbedingt davon abhängig, wie weit die Schwangerschaft fortgeschritten war. Denn bereits bei einem geplanten Baby sprechen die Eltern schon vor der Zeugung liebevoll von ihrem Kind, und erst recht, nachdem die Schwangerschaft festgestellt ist. Sie malen sich aus, wie es wohl aussehen mag und ob es wohl ein Junge oder ein Mädchen wird. Sobald dann die Schwangerschaft vom Arzt festgestellt wurde, bauen die Eltern ein Verhältnis zu ihrem *Kind* auf, das zu wachsen beginnt und auf das sie sich freuen, und nicht zu einem anonymen Fötus.

Bei einem Paar, das sich jahrelang vergeblich nach einem Kind gesehnt hat, kommt zu dieser Trauer die bange Frage hinzu, ob sie wohl jemals Eltern sein werden. Der Traum, ein Kind zu haben, zerplatzt wie ein Ballon. Bemerkungen wie: „Nun weißt du wenigstens, daß du schwanger werden kannst", sind wohl wahr, verkennen aber die Tatsache, daß das Paar um dieses verlorene Kind trauert. Auch eine Garantie, daß die Frau jemals ein Baby austragen wird, ist nicht gegeben.

Eine Frau, die selbst eine Fehlgeburt erlebt hat, drückt dies folgendermaßen aus: „Die Fehlgeburt ist dem Verlust eines Kindes gleichzusetzen. Ein Kind war da, und auf einmal ist es wieder weg. Wenn ein Kind stirbt, trauerst du um das Kind. Du hast eine Beerdigung, Menschen um dich herum verstehen, daß du trauerst, lassen dich erzählen und unterstützen dich. Nach einer Fehlgeburt lassen dich die Leute nicht trauern. Zu Beginn darfst du weinen und darüber reden, aber bereits nach 14 Tagen sollst du wieder normal funktionieren. Du sprichst also nicht mehr darüber und fühlst dich auch nicht mehr frei zu trauern."[2]

Die Trauer ist aber nicht in wenigen Wochen abgeschlossen, auch wenn der Körper wieder normal reagiert. „Eine intensive ‚normale' Trauer hat Höhen und Tiefen und kann 1½ bis 2 Jahre dauern."[3] Besonders zum Zeitpunkt des errechneten Entbindungstermins kann die Traurigkeit übergroß werden.

Carol erzählt von ihrem Erleben: „Das erste Mal war ich drei Monate lang schwanger. Das ist eine lange Zeit, um zu planen und sich an das Kind zu binden. Dann traten Blutungen ein. Ich kam ins Krankenhaus und wurde ausgeschabt. Das war ein traumatisches und sehr schmerzhaftes Erlebnis. Ein Jahr lang war ich danach depressiv.

Zwei Jahre später wurde ich wieder schwanger. Dieses Mal erlaubte ich mir nicht, mich an das Baby zu binden und an die Schwangerschaft zu glauben. Erst im vierten Monat begann ich zu glauben, daß das Baby leben würde. Die meisten Fehlgeburten passieren ja bekanntlich in den ersten drei Monaten. Ich erinnere mich, wie das Wunder mich erfüllte, daß nun wirklich ein Baby in mir wuchs. Ich sah ein Ultraschallbild des Babys und fühlte, wie es in mir strampelte. Bald mußte ich Umstandskleidung tragen, und so nahm auch meine Umgebung wahr, daß ich schwanger war.

Im sechsten Monat, während mein Mann und ich in Urlaub waren, begann mein Körper sich anders anzufühlen. Der Druck des Kindes verlagerte sich tiefer. Ich verdrängte den Gedanken, daß irgend etwas nicht in Ordnung sein könnte. Aber bald konnte ich meine Angst nicht mehr unterdrücken. Wir riefen den Arzt an und fuhren heim. Bereits im Auto setzten die Wehen ein. Wir mußten anhalten, da ich Blutungen bekam. Als wir endlich im Krankenhaus ankamen, war der Punkt überschritten, an dem man die Schwangerschaft noch hätte retten können. Der Arzt sprengte die Fruchtblase, um das Baby zu entbinden. Ich kann mich erinnern, daß der Arzt mir mitteilte, daß das Baby nicht mehr lebte.

Die Krankenschwester fragte mich, ob ich das Baby sehen wolle. Ich verneinte zunächst, änderte dann jedoch meine Meinung und bat darum, es zu sehen. Es war ein Mädchen, und sie war wunderschön! Sie hatte kleine Finger, kleine Zehen, alles war perfekt geformt! Ihre Augen hatten bereits Wimpern. Es war alles so unwirklich, wie ein schlimmer Traum. Als ich nach Hause kam, hatte ich Angst, alleine zu sein. Ich fühlte mich, als fiele ich in ein schwarzes Loch. Ich weinte und trauerte um das Kind, das nie leben würde."[4]

(Carol konnte später zwei gesunde Kinder austragen.)

Gedankenanstöße

• Habe keine Angst vor deinen Gefühlen. Es ist normal, daß die Trauer über den Verlust deines Kindes so übergroß ist, selbst wenn die Schwangerschaft noch sehr am Anfang war. Habe nicht den Anspruch an dich, schnell darüber hinwegkommen zu müssen.

- Trauere vor und mit Gott um ein Leben, das nicht gelebt werden konnte. Laß dich von ihm trösten. Er versteht dich in deinem Schmerz.
- Paare, die selbst eine Fehl- oder Totgeburt durchlitten haben, können dir während dieser Zeit in besonderer Weise beistehen.

PHASE DER AUFLEHNUNG GEGEN GOTT

Wolfgangs und meine Gedanken kreisten immer öfter um die Frage: „Warum schenkt Gott uns kein Kind? Warum läßt er uns so leiden? Er hat doch schon in der Schöpfung den Wunsch nach Nachwuchs in uns Menschen hineingelegt, und nun sagt er: ‚Angeschmiert, ich geb' euch aber kein Kind'? Was ist denn das für ein grausamer Gott? Er ist doch allmächtig. Er könnte doch mit einem Wort die Ursache unserer Kinderlosigkeit beheben, und ich wäre schwanger. Warum tut er es denn nicht? Und überhaupt, wir haben so vieles aufgegeben, um seinem Ruf in die Mission zu folgen, und nun will er uns selbst das Natürlichste auf der Welt, nämlich ein Kind, vorenthalten? Gott, das ist doch einfach nicht fair!"

Meine Tagebücher sind gefüllt mit Anfragen an Gott und dem schreien meines verwundeten und bitteren Herzens:

„Oh, Herr, warum? Warum schenkst du uns kein Kind? Warum läßt du mich so leiden? Warum muß ich durch so ein tiefes Tal gehen? Hat das Tal je ein Ende? Wird dies nun so weitergehen, Monat für Monat? Werde ich je damit froh leben können? Herr, mir man-

33

gelt es an einem Kind. Wie ist es mit deinen Verheißungen?"

„Wie sehr ist Traurigkeit eigentlich noch steigerungsfähig? In mir ist es dunkle Nacht. Wenn ich an Psalm 23 denke, so ist er eine einzige Frage:

Herr, bist du wirklich mein Hirte? Wird mir wirklich nichts mangeln? Weidest du mich wirklich auf grünen Auen? Führst du mich wirklich zu frischem Wasser? ...

Unter mir schwankt der Boden. Oh, Herr! Oh, Herr! Ich kann es nicht ertragen, die hochschwangere Mareike zu sehen und Sabine mit ihrem neugeborenen Baby zu besuchen. In mir ist kein Glaube, sondern nur Angst, Traurigkeit und Zweifel. Ja, andere erleben dein wunderbares Eingreifen, aber wir? Oh, Herr, eile mir zu Hilfe, denn ich versinke."

„Ich kann Gott und sein Handeln überhaupt nicht verstehen. Sukili ist mit 40 Jahren wieder ungewollt schwanger. In welche Verzweiflung stürzt sie das, wie ja auch so viele andere Frauen hier in Nepal, die ihr sechstes oder siebtes Kind bekommen und nicht wissen, wie sie es durchfüttern und versorgen sollen. Und wir? Unser ‚Nest' ist fertig und leer. Herr, warum? Ich verstehe deine Gedanken einfach nicht."

„Heute in der Silvesternacht wachte ich auf, und ein großer Schmerz legte sich auf mich. Ich war erfüllt von überwältigender Traurigkeit und weinte sehr.

Nun ist wieder ein ganzes Jahr vergangen. Ein Jahr des Wartens auf die Erfüllung unseres Traums, ein Kind zu haben. Fünf Jahre warten wir schon. Fünf Jahre!!! Soll nun das sechste Jahr folgen, und dann das siebte und achte? Wie lange noch, Herr?

Ich lese in deinem Wort all die Verheißungen, und doch – ich erschrecke –, sie lassen mich fast kalt. Dieses oder jenes Wort war schon eine Verheißung, die du mir vor drei Jahren gabst. Das Datum steht neben der Bibelstelle. Und die gleiche soll mich heute erneut trösten? Was hat sich in dieser Zeit verändert? Wird eine Schwangerschaft nicht immer unmöglicher? Fast automatisch denke ich an den Satz: ‚Unsere Unmöglichkeiten sind Gottes Möglichkeiten‘. Ist dies wirklich mehr als nur eine fromme Phrase?

Werden wir in diesem Jahr ein Baby adoptieren können? Werde ich in diesem Jahr nun endlich schwanger? Ich wüßte es so gerne, und doch habe ich Angst vor der Antwort, denn sie könnte negativ sein."

Im Dezember 1988 erlebten Wolfgang und ich den absoluten Tiefpunkt in der Auseinandersetzung mit unserer Kinderlosigkeit:

Zum ersten Mal war ich eine Woche überfällig mit meiner Periode. – Ich war mir sicher: Ich bin schwanger. Und zur gleichen Zeit hatten wir überraschend ein kleines zweimonatiges Mädchen von einem Waisenhaus bekommen mit der Aussicht, es adoptieren zu können.

Die nächsten 24 Stunden waren total aufregend. Im Eilverfahren organisierte Wolfgang bei unseren Freunden Milchflaschen, Windeln und was wir sonst so alles für das Baby brauchten. Wir badeten und fütterten es und staunten nur so über diesen kleinen Schatz. Wenn wir sie im Arm hielten, durchströmte uns ein großes Glücksgefühl. Alle angestaute Mutter- und Vaterliebe schien auf die Kleine herabzufließen. Durfte sie nun unsere Tochter werden? Ich schrieb in mein Tagebuch: „Haben wir nun vielleicht bald zwei Kinder? Das wäre so traumhaft schön, daß es kaum möglich zu sein scheint. Und doch, hat Gott nicht all unsere Gebete erhört? Ist er nicht ein guter Vater, der uns so reich beschenken kann?"

Doch am nächsten Tag hörten wir dann, daß die leibliche Mutter zwar schwerkrank war, der Vater das Baby aber ohne Wissen der Mutter dem Waisenhaus gegeben hatte. Wolfgang und ich wußten, daß wir das Baby nicht behalten konnten.

„Als die Kleine eben vom Waisenhaus abgeholt wurde, war es mir, als sterbe etwas in mir ab. Der Morgen war noch so schön gewesen. Ich fütterte sie und schaute ihr zu, wie sie in ihrem Bettchen mit offenen Augen lag. Ich sang ihr Lieder vor, und sie lachte. Aber nun ist es vorbei. Ein Traum! Ein Trauma! Wir räumten alle Babysachen wieder weg.

Als ich dann am Abend meine Periode bekam, war in mir nur Leere. Das konnte nicht wahr sein! Das konnte Gott nicht zugelassen haben!"

Die nächsten Tage waren wir von einem Nebel der Trauer umgeben. Tiefe Verunsicherung und Zweifel kamen in uns auf. Wenn wir das Kind nicht behalten durften, wenn es also nicht das von Gott für uns vorgesehene Kind war, warum war es dann überhaupt zu uns gekommen? Warum waren unsere Hoffnungen und Gefühle für dieses Baby geweckt worden? Wieviel mehr empfanden wir nun die Sehnsucht nach einem Kind! Wolfgang und ich wurden beide krank. Wir waren einfach fix und fertig.

„Jesus, kennst du wirklich all unsere Lebensumstände? Und bist du wirklich um uns besorgt?"

Wenn du diese Tagebucheintragungen liest, kommt in dir vielleicht die Frage auf, ob man so überhaupt mit Gott reden darf. Steht es uns zu, Gott so anzusprechen oder gar anzuklagen? Wir haben kinderlose Paare getroffen, die uns sagten, sie hätten zu keiner Zeit mit Gott gehadert oder nach dem „Warum" gefragt. Doch in längeren Gesprächen stellte sich heraus, daß sie diese Gefühle und

Gedanken Gott gegenüber einfach nicht zulassen konnten. Als Christ habe man doch zu jeder Zeit dem Herrn zu vertrauen. Aber tief in ihnen rumorten die gleichen Fragen.

Wenn ich mir die Psalmen anschaue, dann begegnen mir dort Menschen, die Gott ihr Herz ausgeschüttet haben. Sie schrien zu Gott, stellten ihm Fragen und forderten ihn auf zu handeln. Gott antwortete, ging auf sie ein und holte sie dort ab, wo sie gerade standen.

Es ist vielleicht nach außen hin frommer, diese Gefühle für sich zu behalten, weil dann jeder denkt, wie gut man es verkraftet. Für die eigene Seele jedoch ist es gefährlich, diese Gefühle zu verdrängen, statt damit zu Jesus zu gehen. Ihn können wir mit unseren Gedanken nicht erschüttern und umpusten. Er hält unsere Verzweiflung aus und uns dabei ganz fest. Außerdem ist hier auch nicht das Ende dieser Entwicklung, denn er begleitet uns weiterhin im Prozeß der Verarbeitung unserer Kinderlosigkeit ...

Gedankenanstöße

- Verliere nie die Verbindung zu Gott! Schrei zu ihm! Bring deine Fragen und deine Bitterkeit vor ihn. Versuche, ehrlich deine Gefühle und Empfindungen Gott gegenüber wahrzunehmen. Du brauchst sie nicht zu verstecken. Gott kennt dich sowieso.
- Lies die Psalmen! Dort begegnen dir Menschen, die auch Gott ihr Herz ausgeschüttet haben, die ihm offen sagten, wenn sie ihn nicht verstanden.

- Haltet als Paar gemeinsam Ausschau nach Freunden, mit denen ihr beten und weinen könnt, die euch in dieser Zeit durchtragen und halten.

PHASE DES BETENS UM HEILUNG

Wohl jedes gläubige Paar wird irgendwann an den Punkt kommen, Fürbittegebet in Anspruch nehmen zu wollen. Wenn wir in die Bibel schauen, vor allem ins Alte Testament, begegnen uns mehrere Paare, denen zunächst ein Kind versagt blieb und die dann doch Nachwuchs bekamen.

Und so ist es bis heute, daß Gott auf Gebet hin selbst in medizinisch unmöglichen Situationen ein Kind schenken kann. Allein in unserer Missionsgemeinschaft kennen wir vier Ehepaare, die zunächst jahrelang kinderlos waren und dann, zum Teil unmittelbar nach Gebet, schwanger wurden.

Noch bevor wir uns untersuchen ließen, kam in uns die Frage auf, ob wir nicht nach Jakobus 5 über uns beten lassen sollten. Dort steht in Vers 14 und 15: „Ist jemand unter euch krank, der rufe zu sich die Ältesten der Gemeinde, daß sie über ihm beten und ihn salben mit Öl in dem Namen des Herrn. Und das Gebet des Glaubens wird dem Kranken helfen, und der Herr wird ihn aufrichten."

Zunächst wußten wir nicht, ob diese Bibelstelle auf

unsere Situation zutraf. War denn Kinderlosigkeit eine Krankheit? Aber es war doch eine große Not, der wahrscheinlich ein körperlicher Defekt zugrunde lag. So entschlossen wir uns, dieses Gebet in Anspruch zu nehmen. Wir baten zwei Älteste der Gemeinde, mit uns zu beten. Gemeinsam sprachen wir zunächst unsere Situation durch. Dann meinten sie, daß beide Varianten Gottes Wille für unser Leben sein könnten: Nachwuchs oder auch Kinderlosigkeit. Wir sollten sie getrost in Gottes Hand legen. Danach beteten sie über uns. Mich hat dieses Gebet sehr berührt, und ich weinte so sehr, daß meine Packung Taschentücher nicht ausreichte. Mir war das Ganze zwar peinlich, aber was sollte ich machen?

Wenn ich in der kommenden Zeit auch nicht schwanger wurde, so empfanden Wolfgang und ich doch einen neuen Frieden im Herzen, und den hatten wir auch nötig, da nun die medizinischen Untersuchungen losgingen.

Zwei Jahre später in Nepal, während einer Missionskonferenz: Der Redner sprach über Segen und Fluch. Unter anderem meinte er, daß Unfruchtbarkeit die Auswirkung eines Fluches sein könne. Er brachte Beispiele aus seiner Erfahrung, wo kinderlose Paare sofort schwanger wurden, nachdem im Gebet der Fluch über ihrem Leben gebrochen worden war.

Wolfgang und mich machte das Gehörte natürlich unruhig. Sollte dies die Ursache für unsere Kinderlosigkeit sein? Wir ließen den Redner zusammen mit seiner Frau für uns beten, lösten uns im Namen Jesu von allen Bindungen, die vielleicht vorhanden waren, und baten gemeinsam erneut um eine baldige Schwangerschaft. Der Redner gab uns den Rat, an der Erfüllung des Gebetes nicht zu zweifeln, sondern fest zu glauben.

Aber je näher der Zeitpunkt meiner Periode rückte, um

so mehr spürte ich im tiefsten Innern Angst und Zweifel in mir aufsteigen. Ich versuchte, beides zu unterdrücken: „Nein, ich zweifle nicht, ich glaube, ich glaube, ich glaube ..." Dann trat die Periode ein, und ich war völlig am Boden zerstört. Zum einen, weil ich wieder nicht schwanger war. Doch was mich viel mehr bedrückte, war die Tatsache, daß ich nun den Eindruck hatte, mit meinem Vater im Himmel nicht mehr ehrlich sein zu dürfen. Ich konnte mich in meiner Not nicht mehr bei ihm bergen und ihm mein Herz ausschütten. Ich mußte ihm etwas vorspielen: Glauben, der gar nicht da war.

Damals habe ich es als Gottes liebevolle Reaktion inmitten meiner Tränen erlebt, daß ich vor meinem inneren Auge ein Bild sah: Das Bild der lachenden Sara. Und es war, als sagte Gott: „Birgit, Sara hat doch auch gelacht und gezweifelt, und dennoch konnte ich ihr ein Kind schenken. Es ist nicht dein Glaube, der das produzieren muß." Ich fühlte mich umarmt von Gottes Liebe und Fürsorge. Tränen der Erleichterung schossen mir in die Augen.

In dieser Zeit hatten Freunde von uns den Eindruck, von Gott die feste Zusage bekommen zu haben, daß ich innerhalb des nächsten Jahres schwanger werden würde. Zunächst waren wir beglückt über diese Aussichten. Doch als in den nächsten Monaten keine Schwangerschaft eintrat, wurden Begegnungen mit ihnen peinlich. Woran lag es, daß ich nicht schwanger wurde? An uns oder an den Freunden? Irgendwie fühlten Wolfgang und ich uns als Versager.

So verging Monat für Monat, und ich wurde nicht schwanger. Viele Fragen brachen in uns auf:

- Will Gott uns für irgendwelche Sünden in unserem Leben strafen?

- Sollen wir weitere, noch „begabtere" Beter über uns beten lassen?
- Warum scheint Gott die Gebete bei anderen kinderlosen Paaren zu erhören, aber nicht unsere?
- Wie gehen wir mit all den Zusagen auf Nachwuchs um?

Ich möchte kurz auf diese Fragen eingehen, denn aus Geprächen weiß ich, daß diese Gedanken nicht nur uns quälten.

Ist Kinderlosigkeit eine Strafe Gottes für irgendwelche Sünden in unserem Leben? Michal, die Frau Davids, wurde mit Kinderlosigkeit bestraft, weil sie ihren Mann beim Tanz vor der Bundeslade verachtet hatte. Kann man nun daraus den Rückschluß ziehen, daß auch heute noch Kinderlosigkeit eine Strafe Gottes ist?

Diese Frage wurde für Ulli existentiell wichtig, als Anke ihr Baby nicht austragen konnte. Er schreibt: „Anke erlitt kurz hintereinander zwei Fehlgeburten. Alle meine gutgemeinten Worte und Ablenkungsversuche konnten sie nicht trösten. Die Angst vor der nächsten Fehlgeburt wuchs beständig weiter. Und unter dieser Angst litten sowohl unsere Seelen, als auch unser geistliches Leben. Irgendwie hatte ich bis dahin so etwas nur bei Leuten für möglich gehalten, die bewußt in Sünde leben. Nun stand ich selbst unter Anklage. Ja, ich hatte in meinem Leben gesündigt, auch als Christ. Da gab es Dinge, die mir sehr leid taten. Aber ich hatte diese Sünden bekannt, auch anderen Menschen gegenüber. Sollte Gott nun einen späten Preis für diese Sünden einfordern?

Meine Frau wurde ein drittes Mal schwanger, und kurz darauf setzten wieder Blutungen ein. Diesmal reagierten die Ärzte schnell und gaben ihr Hormone, um die Schwangerschaft zu retten. Der Kampf um das Baby dauerte mehrere Wochen. Schließlich ließen die Blutungen nach, und Anke konnte nach Hause kommen. Aber kurze Zeit später wurden die Blutungen wieder stärker. Wir riefen unsere Seelsorger, um mit uns zu beten. Während sie beteten, wurden die Blutungen so heftig, daß Anke direkt nach dem Gebet wieder ins Krankenhaus mußte, wo sie dann das Kind endgültig verlor.

War dies nun Gottes Antwort auf unsere Sünde? Im Laufe der Zeit wurde mir folgendes deutlich: Meine persönliche Sünde hat Gott mir vergeben. Dies spricht er mir unzählige Male in seinem Wort zu, zum Beispiel in Jesaja 43,25: ‚Ich tilge deine Übertretungen um meinetwillen und gedenke deiner Sünden nicht.‘ Und dennoch muß ich dieses Leben, so wie es ist, bewältigen, mit allem Drum und Dran, mit Krankheit und Gesundheit, mit Katastrophen, mit Unglück und Glück, mit Erfolg und Versagen. Jesus verspricht mir nie etwas anderes. Auch als Christ muß ich mit diesen Erfahrungen fertigwerden wie jeder andere Mensch. Ich sterbe schließlich auch wie jeder andere. Gottes neue Welt hat zwar begonnen, aber wir haben noch keinen Himmel auf Erden."

Schwanger durch besonders erfolgreiche Beter? Wenn wir eine „Erfolgsstory" hörten, in der ein Paar auf Gebet hin schwanger wurde, entstand besonders in mir der Drang, eben diesen „erfolgreichen" Beter auch für uns beten zu lassen. Wolfgang war da viel zurückhaltender, und wenn ich darüber richtig nachdachte, bekam auch ich Zweifel: „Ist denn Gott abhängig von diesem oder jenem Beter? Läßt er sich von dem einen nicht so schnell ‚rumkriegen‘, wie von einem anderen?" Was für ein menschlich kleinkarierter Gedanke über Gott, aber doch so voller Sehnsucht und Bedürftigkeit!

Warum erhört Gott gerade unsere Gebete nicht? Mehrmals erlebten wir, daß befreundete, jahrelang kinderlose Paare Nachwuchs bekamen. Bei aller Mitfreude rumorte jedoch auch die Frage in uns, warum Gott wieder nur bei anderen die Gebete um ein Kind erhörte.

Steve und Susan, ein amerikanisches Ehepaar, waren Mitglieder unserer Missionsgesellschaft und lebten auch in Nepal. Jahrelang warteten sie vergebens auf Nachwuchs. Dann entschlossen sie sich, zu Hause einige Untersuchungen machen zu lassen. Ein Jahr lang liefen sie durch die Untersuchungsmaschinerie – ohne Erfolg. Dann ließen sie für sich beten, und sofort wurde Susan schwanger. Als ich ihren Brief mit der frohen Nachricht erhielt, schrieb ich in mein Tagebuch:

„Gestern kam die altbekannte Verzweiflung auf. Susan ist schwanger. Immer wieder bekommen wir die freudige Nachricht von anderen. Das ist doch nicht fair! Gott erhört ihre Gebete. Und unsere? Hat er also doch seine Lieblingskinder?"

Ihr Töchterchen Emily wurde geboren und hatte einen Herzfehler. Deshalb konnten sie nicht nach Nepal zurückkommen, was ihnen sehr schwer fiel. Emily konnte später jedoch erfolgreich operiert werden, aber dann erkrankte Steve an Krebs, und innerhalb eines Jahres starb er.

Sicherlich kannst du dir vorstellen, welche Empfindungen und Gedanken dies bei mir auslöste. War das jetzt fair? Warum Steve und nicht ein anderer? Und warum hatte Gott diesmal die vielen Gebete um Heilung nicht erhört? Warum mußte Steve sterben?

Wir wissen es nicht. So vieles wissen wir nicht. Manchmal läßt Gott uns durch ein Fenster schauen, und wir verstehen Zusammenhänge. Wie Puzzleteile paßt dann alles ineinander. Solche geistlichen ‚Aha'-Erlebnisse habe ich in meinem Leben als glückliche Momente erlebt.

Aber da sind doch genauso oft und vielleicht noch öfter die Zeiten, in denen Gottes Gedanken uns ein Geheimnis bleiben. Er sagt in Jesaja, daß unsere Wege nicht seine Wege sind und seine Gedanken nicht die unseren. Unser Erkennen bleibt Stückwerk. Gott läßt sich nicht in das Schema pressen: Gebet plus Glaube gleich Erfolg. Er ist souverän und nicht unser Geschenkautomat, auch wenn wir es manchmal gerne so hätten. Mit offenen Fragen zu leben, fällt mir sehr schwer. Doch Glauben heißt, in einer Beziehung mit Gott zu leben. Auch wenn ich ihn nicht verstehe, will ich an dieser Beziehung festhalten und ihm vertrauen.

Ein weiteres kinderloses Ehepaar unserer Missionsgesellschaft empfand die feste Zusage auf ein leibliches Kind (übrigens gibt es auch ganz normale Familien in unserer Missionsgesellschaft!). Sie erlebten diese Zusage so intensiv, daß sie sogar den Namen des Kindes als von Gott gegeben wußten. Ganz fest glaubten sie der Verheißung Gottes. In den kommenden Jahren adoptierten sie dann drei Kinder. Als sie das vierte Kind annahmen, gaben sie ihm den vor langen Jahren verheißenen Namen. Vielleicht hatten sie sich ja doch verhört!? Aber dann, nach 18 Jahren Ehe, wurde Dorothy schwanger. Gerade zu dem Zeitpunkt, zu dem sie die Verheißung losließen und nicht mehr an sie glaubten, bekamen sie ein leibliches Kind.

Ähnlich erlebten es Christian und Anja. Christian sagt sogar: „Wir haben erst dann ein Kind empfangen und zeugen können, als wir aufgehört haben, daran zu glauben. Als wir uns in den Armen lagen und sagten: ‚Wir haben uns trotzdem lieb, auch wenn das mit dem Kind nicht klappt.'"

Gottes Wege und Gedanken sind und bleiben für uns ein Geheimnis. Das soll uns nicht entmutigen, sondern entlasten. So wie wir sind, können wir zu Gott kommen, um Nachwuchs beten und uns ihm anbefehlen.

Was haben wir mit den persönlichen Verheißungen in bezug auf Nachwuchs gemacht? Wie stehen wir jetzt dazu?
Wir haben es irgendwann geschafft, alle persönlichen Verheißungen Gott ganz zurückzugeben. Alle Zusagen auf leibliche Kinder haben wir ihm wieder überlassen. Wolfgang und ich trauen Gott jedes Wunder zu. Auch jetzt noch könnte er uns ein Baby schenken. Aber er muß es nicht. Wir haben ihm gesagt, daß wir ihm vertrauen und ihn für treu erachten, auch wenn wir keinen leiblichen Nachwuchs bekommen.

Gedankenanstöße

- Überlegt miteinander, ob und wann es für euch dran ist, Fürbittegebet in Anspruch zu nehmen. Haltet Ausschau nach erfahrenen Christen, denen ihr vertraut, oder bittet die Ältesten eurer Gemeinde, für euch zu beten.
- Wenn Freunde oder diejenigen, die für euch beten, euch die Zusage auf Nachwuchs geben, versucht dies vorsichtig im Herzen zu bewahren. Diese Glaubensgewißheit kann

von Gott kommen, aber sie kann auch dem gutgemeinten Wunschdenken eurer Freunde entspringen.

- Traut Gott zu, euch auf Gebet hin ein Baby zu schenken. Aber wenn in euren Herzen, wie bei mir, Ängste und Zweifel sind, bringt auch diese vor Gott. Gebt Gott Raum, seinen guten Gedanken gemäß eure Gebete zu beantworten.

PHASE DER UNTERSUCHUNG UND BEHANDLUNG

Als ich nach zwei Jahren intensiven Kinderwunsches immer noch nicht schwanger war, stellte sich uns die Frage nach den medizinischen Ursachen. Immer wieder überlegten wir, ob dies wohl für uns dran und richtig wäre. Dazu ein Zitat aus meinem Tagebuch:

„Gestern abend unterhielten Wolfgang und ich uns erneut über eine eventuelle Untersuchung. Wolfgang meinte jedoch, er gelange immer mehr zu der Überzeugung, gar nichts zu unternehmen. Ich sehe das ganz anders. Irgendwie möchte ich alles Machbare unternehmen, um ein Kind zu bekommen. Gleichzeitig wird mir bewußt, daß auch der Gedanke mitspielt: Sollte Gott doch nicht die Macht haben, die Ursachen unserer Kinderlosigkeit alleine zu korrigieren, dann muß eben nachgeholfen werden. Aber wenn dies so ist, möchte ich mich auf einen solch ,schwachen' Gott einlassen und in die Mission gehen? Geht das überhaupt, generell in jedem Bereich allwissend und mächtig zu sein und in diesem Punkt schwach?"

Dieses Zitat spiegelt unsere innere Zerrissenheit und Orientierungslosigkeit zu dieser Zeit wider. In uns war einfach ein Wust von Angst. Es dauerte einige Zeit, bis wir diese Angst definieren und auseinanderdividieren konnten. Wovor war uns denn im Blick auf die medizinischen Untersuchungen bange?

Vordergründig stand bei uns die Angst, etwas in die eigenen Hände zu nehmen, anstatt allein auf Gott und auf sein Eingreifen zu vertrauen. Wir fürchteten uns davor, Gott ungehorsam zu sein. Wir wollten keinen Weg gehen, den er nicht gutheißen und segnen könnte. In uns war die Vorstellung, daß es ein höherer und heiligerer Weg sei, alleine auf Gott zu vertrauen und ein Weg des Unglaubens, medizinische Hilfe in Anspruch zu nehmen. Uns war klar, daß eine medizinische Untersuchung auch nur dann Sinn hatte, wenn wir zu bestimmten Therapieversuchen bereit waren.

Dann waren da die Ängste vor den einzelnen Untersuchungen. Wir wußten, daß viel Unangenehmes und auch Demütigendes auf uns zukommen würde. Dazu ein Tagebuchzitat:

„Sind wir dazu wirklich bereit? Wollen wir das wirklich in Angriff nehmen? Werden wir es persönlich verkraften können? Wird unsere Ehe das aushalten, was da auf uns zukommen wird? Vielleicht werde ich ja im nächsten Monat schwanger, und das alles ist nicht nötig."

Hinzu kam die Angst vor dem Ergebnis. Noch konnten wir hoffen, konnten uns ausmalen, welche Freude es sein würde, endlich nach all der Zeit schwanger zu sein. Und ich konnte mich meinen Tagträumen hingeben. Ich spielte in Gedanken die verschiedensten Situationen durch. So überlegte ich zum Beispiel, wie es wohl sein würde, meinen Eltern mitzuteilen, daß sie bald ein Enkelkind bekommen würden. Ich stellte mir ihre Überraschung vor und die Freude, die ihre Reaktion dann in mir auslösen würde. Oder ich richtete in Gedanken ein Kinderzimmer ein. Noch konnten wir hoffen, und dies gab uns neben der immer wiederkehrenden Verzweiflung auch Gewinn und Halt. Sollten wir uns jedoch zur medizinischen Erforschung der Ursachen entschließen, konnte es vielleicht bald feststehen, daß wir niemals Nachwuchs haben würden. Vor diesem Ergebnis hatten wir große Angst und wußten nicht, ob wir zu diesem Zeitpunkt bereit waren, unsere Träume aufs Spiel zu setzen.

Es war für uns wichtig, zu sehen, daß es auf der einen Seite darum ging, Gottes Willen für uns herauszufinden. Auf der anderen Seite jedoch durften wir nicht unsere Ängste vor den Untersuchungen hinter dieser Frage verstecken. Wir mußten uns diesen Ängsten stellen.

Als hilfreich empfanden wir es, mit einem Seelsorger über diese Problematik zu sprechen. Er ermutigte uns, die Untersuchungen in Angriff zu nehmen, gerade auch im Hinblick auf unsere baldige Ausreise nach Nepal. Dort würde dies nicht möglich sein.

So kamen wir nach viel Nachdenken, Gebet und Gesprächen zu folgendem Schluß:

Gott hat uns die Errungenschaften der Medizin gegeben. Genauso, wie wir ohne Bedenken für andere medizinische Probleme ärztliche Hilfe in Anspruch nehmen, können wir das auch in diesem Fall tun. Gott kann durch die medizinische Wissenschaft heilen und uns ein Kind schenken. Sie schmälert seine Allmacht nicht.

Ich machte mich mit Zittern und Zagen als erstes zum Frauenarzt auf. Da ich regelmäßig zur Krebsvorsorge gegangen war, war er mir nicht fremd, und doch meinte ich, jede Anwesende im Wartezimmer sähe mir an, warum ich dort war. Natürlich sah ich all die schwangeren Bäuche und auch das Neugeborene, das die Mutter zur Untersuchung mitgebracht hatte. Ich versteckte mich hinter meiner Illustrierten, doch in meinem Kopf kreisten die Gedanken nur um das bevorstehende Gespräch.

Endlich war ich an der Reihe, und so locker ich konnte, teilte ich dem Arzt unsere Problematik mit. Er war sehr verständnisvoll und stellte die unangenehmen Fragen, wie zum Beispiel nach der Häufigkeit des Sexualverkehrs, sehr einfühlsam. Dann forderte er mich auf, Temperaturkurven zu führen. Die konnte ich ihm jedoch direkt liefern, da ich sie bereits seit einem Jahr führte. Er schaute sie sich an, lachte und meinte, solch akkurate Aufzeichnungen, fast Gemälden gleich, hätte er noch nie gesehen, was mich natürlich vor Scham rot anlaufen ließ.

Nun folgten bei mir Hormon- und Ultraschalluntersuchungen. Diese Untersuchungen waren an sich nicht schlimm, aber ich hatte jedesmal große Angst, eine Bekannte beim Arzt zu treffen. Was hätte ich denn als Grund für mein Dortsein nennen sollen?

Die unangenehmste Untersuchung war für mich die Hysterosalpingographie, also die röntgenologische Darstellung von Gebärmutter und Eileitern. Dazu mußte ich ambulant ins Krankenhaus. Ich bekam ein Schlafmittel gespritzt, wurde dann im Halbschlaf in die Röntgenabteilung geschoben und bemerkte während der Untersuchung einen dumpfen Schmerz. Als nächstes erinnere ich mich daran, daß der Röntgenarzt mir auf die Wange klopfte und meinte: „Frau Schilling, die Gebärmutter und Eileiter sind durchgängig und in Ordnung. Minimale Verschlüsse haben sich jetzt durch dieses Durchpusten gelöst. Haben Sie in diesem Monat, um des Zeitpunkt der Eisprunges herum oft Geschlechtsverkehr. Vielleicht werden Sie ja direkt schwanger." – Nun, wir taten unser Bestes ... aber schwanger wurde ich nicht.

Während meine Untersuchungen liefen, ließ auch Wolfgang sich durchchecken. Zum Glück fanden wir zunächst einen Urologen, der zustimmte, daß Wolfgang das Ejakulat nicht in der Praxis, sondern zu Hause produzieren und dann dort vorbeibringen konnte. Da das Resultat jedoch nicht eindeutig und „frisch" genug war, wurde uns dann doch empfohlen, es direkt in der Praxis zu produzieren. Wolfgang hatte zunächst absolut keine Ambitionen, dieser Untersuchung nachzukommen, und so dauerte es einige Zeit, bis wir wieder dazu bereit waren.

Wir fuhren diesmal zu einer für Sterilitätstherapie bekannten Klinik. Nach den üblichen, unangenehmen Fragen führte uns der Arzt in einen typischen Untersuchungsraum mit einer schmalen Liege, verschiedenen Untersuchungsgeräten und Mikroskopen. Er sagte, daß wir ihn rufen sollten, wenn das Ejakulat produziert sei. Was war das für eine Atmosphäre! Vor der Tür auf der Bank saßen weitere Patienten (alle ohne ihre Frauen), die darauf warteten, an die Reihe zu kommen. Wir waren nun in diesem Raum und sollten schnell in die Gänge kommen. Wolfgang wäre am liebsten auf und davon gelaufen. Ich habe, glaube ich, unentwegt gebetet, und ... es klappte. Aber es war ein ziemlicher Streß, und nachdem das Ergebnis zweimal als zeugungsfähig eingestuft worden war, ließen wir den dritten Termin fallen.

Bei all den Untersuchungen kam kein eindeutiges Ergebnis für die Ursache unserer Kinderlosigkeit zustande.

Deshalb bestand die Behandlung auch nur in verschiedenen Versuchen.

Wolfgang sollte über einige Monate ein Medikament einnehmen, das die Qualität der Spermien weiter verbessern sollte. Es handelte sich um ein teures Präparat. Da wir kurz vor unserer Ausreise nach Nepal standen, mußten wir dies auf Vorrat dorthin mitnehmen und bei der örtlichen Krankenkasse bewilligen lassen. Ich weiß noch wie heute, wie ich den Raum mit etwa fünf Mitarbeitern betrat. Mit hochrotem Kopf bat ich den Sachbearbeiter leise um die Bewilligung dieses Medikamentes. Ja, was das denn für ein Medikament sei und warum wir es bräuchten? Ich fühlte alle Blicke auf mich gerichtet, als ich sagte, wir seien ungewollt kinderlos und dies sei ein Präparat zur Verbesserung der Spermaqualität. Ich fühlte mich sehr gedemütigt und wäre am liebsten vor Scham im Boden versunken. Gleichzeitig ärgerte ich mich über meine Reaktion, und Wut kam in mir auf. War es etwa unsere Schuld, daß wir kinderlos waren? Warum schämte ich mich denn, dies zu sagen?

Wolfgang nahm treu und brav dieses Medikament, aber ohne Erfolg.

Unser Gynäkologe riet uns daraufhin zur homologen Insemination, das heißt, das Sperma von Wolfgang sollte mir unter Umgehung des Scheidenmilieus in den Gebärmutterhals eingespritzt werden. Wolfgang und ich konnten dieser Therapie vom ethischen Standpunkt aus zustimmen. Er wird im nächsten Kapitel auf diese Behandlungsmethode noch näher eingehen. Da wir uns jedoch unmittelbar vor der Abreise nach Nepal befanden, beschlossen wir, dies einfach alles selbst zu handhaben. Mein netter Gynäkologe gab uns die benötigten Utensilien mit, und beim nächsten Eisprung legten wir los. Aber auch hier schlugen zwei Versuche nicht an.

Über einige Monate nahm ich dann Clomifen, ein Medikament, welches den Eisprung auslöst. Da dieses Medikament einige ungewollte Nebenwirkungen haben kann, mußte ich jeden Zyklus zur Ultraschallkontrolle. Glücklicherweise war in unserem Basar in Nepal gerade ein solches Gerät eingetroffen, wodurch diese Behandlung überhaupt möglich war. Durch das Clomifen verlängerte sich mein Zyklus jeweils um zwei bis drei Tage. Diese Zeit war immer voller Spannung. War ich dieses Mal vielleicht endlich schwanger? Wie groß war die Enttäuschung, wenn dann doch meine Menstruation einsetzte.

Es fiel uns sehr schwer, nach einigen Monaten mit der Behandlung aufzuhören. Irgendwie klammerten wir uns an die Hoffnung, daß es vielleicht beim nächsten Mal klappen könnte. Das Beenden der Therapie würde alles, was wir bis dahin an Kraft, Hoffnung und Energie investiert hatten, als Verschwendung erscheinen lassen. Aber weil die Behandlung nicht anschlug, brachen wir diesen Versuch am Ende doch ab.

Weiter sind wir in unseren Behandlungsversuchen nicht gegangen. In unserer Lebenssituation hier in Nepal war es außerdem nicht möglich. Zusätzliche Therapieversuche hätten einen Abbruch unserer Missionstätigkeit oder zumindest eine längere Pause in Deutschland notwendig gemacht. Obwohl wir dies mehrmals in Erwägung gezogen hatten, konnten wir uns nicht dazu entschließen.

Hinzu kamen Ängste im Hinblick auf weitere Therapieversuche. Wieviel Streß käme erneut auf uns zu?

Hinter uns lagen schon Jahre terminorientierter Sexualität. Wolfgang müßte wieder x-mal ein Ejakulat produzieren. Welche Anspannung würde es Monat für Monat für uns beide bedeuten, und wer könnte den Erfolg garantieren?

Wir verglichen Statistiken von Paaren mit ungeklärter Kinderlosigkeit. Die Zahlen von denen, die doch noch spontan irgendwann schwanger wurden und denen, die durch eine Therapie Nachwuchs bekamen, unterschieden sich kaum voneinander. Außerdem fühlten wir uns als Ehepaar an der Grenze unserer Belastbarkeit. Seit Jahren schon drehte sich unser Denken und Handeln viel zu sehr um dieses eine Thema. Auch dachten wir immer öfter an eine Adoption. Sollte das vielleicht Gottes Weg für uns sein?

Annelies berichtet, wie sie und Einar die Phase der Untersuchungen und Behandlung erlebten:

„Nach zwei Jahren Ehe mit ungeschütztem Sexualverkehr war immer noch keine Schwangerschaft eingetreten. Aus unseren anfangs unausgesprochenen Ängsten formulierte sich mit der Zeit das grausame Wort: unfruchtbar. Wir sind ein unfruchtbares Paar! Die ganze Palette der Untersuchungen ging dann bald los.

Mich plagten seit Monaten die Befürchtungen, daß unsere Kinderlosigkeit ihren Grund bei mir hatte. Ich war bestimmt *schuld*. Ich stellte mir immer wieder die Reaktion meines Mannes vor, wenn festgestellt würde, daß es an mir liegt. Ich wußte, er würde mir seine ewige Liebe bezeugen. Und trotzdem nagte in mir der Zweifel, ob er mich dann nicht doch weniger lieben und nicht immer einen versteckten Vorwurf gegen mich hegen würde. Es wäre nur natürlich, wenn er darüber nachdächte, was gewesen wäre, wenn er eine andere Frau geheiratet hätte.

Aber es kam anders. Ich wollte meinen Augen nicht trauen, als ich den Spermienbefund von Einar sah: Es waren praktisch keine gesunden Spermien vorhanden. Der Arzt sagte mir dazu, daß mit solch einem Ergebnis keine Schwangerschaft zu erwarten wäre. Nun hatten wir es schwarz auf weiß. Ich ließ meinem Schmerz freien Lauf. In den folgenden Tagen durchlitt ich alle Tiefen meiner zusammengebrochenen Welt. Aber ich traute mich nicht, es Einar zu sagen. Ich wollte ihn nicht leiden sehen. Wie sehr würde ihn das Resultat treffen! In keinem Moment dachte ich daran, daß er *schuld* wäre. Aber aufgrund meiner eigenen früheren Ängste wollte ich ihn meiner ganzen Liebe und Treue versichern. Eines Abends zeigte ich ihm dann doch das Resultat. Er blieb für lange Zeit ganz still und war sehr traurig. In den nächsten Wochen war er in sich gekehrt, nur gelegentlich äußerte er Gedanken wie: ‚Was ist nur mit mir los?‘

Dennoch ging er für weitere Untersuchungen zu einem Andrologen. Um etwa die gleiche Zeit hatte ich plötzlich heftige Unterleibsschmerzen, so daß eine Bauchspiegelung gemacht werden mußte. Die Diagnose: Endometriose. Hier handelt es sich um eine Erkrankung, wo Gebärmutterschleimhaut außerhalb der Gebärmutter wuchert, was häufig eine Ursache der weiblichen Unfruchtbarkeit darstellt. Bei Einar hatte der Androloge inzwischen eine Varikozele festgestellt, das ist eine Krampfader im Hoden, wodurch Spermien funktionsuntüchtig gemacht werden.

Dann ging alles ganz schnell. Kurzerhand entschlossen wir uns beide, uns behandeln zu lassen. Einar unterzog sich der Varikozelenoperation, ich mich einer modernen Hormontherapie gegen die Endometriose. Diese

Therapie versetzte mich in eine Art Wechseljahre. Meine Periode hörte ganz auf, und ich entwickelte Hitzewallungen und Schlafstörungen. Es war keine leichte Zeit; auch beruflich war ich durch die Wirkung der Hormone sehr beeinträchtigt. Die Hitzewallungen waren so ausgeprägt, daß ich alle paar Minuten einen hochroten Kopf hatte. Einar neckte mich liebevoll und meinte, ich sei jetzt seine Glühbirne.

Nach Abschluß meiner Hormontherapie setzte die Periode normal wieder ein. Einar wollte sechs Monate nach seiner Operation eine Spermienuntersuchung durchführen lassen, doch die konnte er sich sparen. Nach zwei Monaten setzte meine Periode wieder aus, und ... ich war schwanger. Neun Monate später gebar ich einen gesunden Sohn. Wir nannten ihn Jonathan, das heißt: Gott hat gegeben."

Gedankenanstöße

- Versucht eure Ängste im Blick auf die Untersuchungen zu definieren und darauf rationale Antworten zu finden.
- Wenn möglich, sprecht mit einem Paar, das diese Prozedur selbst durchgemacht hat. Vielleicht fällt es euch schwer, über diese intimen Dinge mit jemandem zu reden, aber es kann euch eine große Hilfe sein. Ihr könnt euch ganz anders auf die Untersuchungen einstellen.
- Sprecht vor den Untersuchungen darüber, wie ihr reagieren würdet, wenn beim Partner die Ursache der Kinderlosigkeit liegt. Es

ist wichtig, zu dem Standpunkt zu kommen: Wir als Ehepaar können keine Kinder bekommen, ganz egal, an wem es liegt. Und ist es euch wichtig, dies als euer ganz privates Geheimnis zu behalten, einfach als Schutz für den betroffenen Partner?

UNTERSUCHUNGSMETHODEN UND BEHANDLUNGS-MÖGLICHKEITEN

Da die Zahl unfruchtbarer Paare in den letzten Jahrzehnten ständig ansteigt, sind auf dem Gebiet der Reproduktionsmedizin erstaunliche Fortschritte gemacht worden. In den Medien werden solche Erfolge immer wieder aufgegriffen und in oft aufgebauschter Art dargestellt. In vielen unfruchtbaren Paaren wird dadurch neue Hoffnung geweckt. Bei etlichen der neuen Methoden stellen sich aber schwerwiegende ethische Fragen, die ich im Laufe dieses Kapitels kurz anreißen möchte.

Als Arzt liegt es mir fern, den medizinischen Fortschritt pauschal zu verdammen, sehe ich doch auch die guten Seiten. Vielen kinderlosen Paaren wurde durch diesen Fortschritt zur Erfüllung ihres Kinderwunsches verholfen.

Über kurz oder lang stellt sich fast jedem unfruchtbaren Paar die Frage nach medizinischer Klärung der Ursachen und möglicher Behandlung. Es ist ratsam, sich vor dem ersten Besuch eines Arztes schon umfassend informiert zu haben. Dazu soll dieses Kapitel einen Einstieg geben. Darüber hinaus ist es empfehlenswert, zu diesem Thema weiterführende Literatur zu studieren. Als informiertes Paar kann man dem Arzt leichter folgen, wichtige Fragen stellen und mit ihm gemeinsam zu guten Entscheidungen kommen. Christen können so im Vorfeld – noch distanziert von dem emotionalen Streß der Untersuchungen – bereits Grenzen der Behandlung abstecken, die sie auf keinen Fall überschreiten möchten. Dem behandelnden Arzt könnt ihr von vornherein eure vom Glauben geprägte ethische Haltung mitteilen, um eventuell spätere Spannungen mit einem eher naturwissenschaftlich ausgerichteten Reproduktionsmediziner zu vermeiden.

Unter Christen ist ein weites Spektrum an ethischen Meinungen zu diesem Thema zu finden. Das eine Ende des Spektrums wird von der Haltung repräsentiert, die sagt: Jeglicher Eingriff in den natürlichen Zeugungs- und Befruchtungsvorgang ist widergöttlich und somit abzulehnen. Wenn Gott einem Paar ein Kind schenken will, dann kann er es jederzeit tun. Unfruchtbarkeit ist ein von Gott zugelassenes Leid, und er verleiht die Kraft, es zu tragen.

Die extreme Gegenposition vertritt: Gott hat uns den medizinischen Fortschritt mit all seinen Möglichkeiten geschenkt. Diese dürfen und können wir uneingeschränkt nutzen.

Die Problematik der ethischen Beurteilung wird besonders deutlich, wenn man die Gesetzeslage in den verschiedenen westlichen Ländern bezüglich reproduktionsmedizinischer Maßnahmen vergleicht. Hierbei sind die Gesetze in der Bundesrepublik Deutschland eindeutig schärfer als die anderer Staaten. Politische Diskussionen um eine weitere Verschärfung eines Fortpflanzungsmedizingesetzes finden zur Zeit statt.

Wie können wir als Christen, zumal wir noch persönlich betroffen sind, hier Orientierung finden?

Wir sind uns der ethischen Problematik bewußt, und es ist unser Anliegen, nicht gegen Gottes Willen zu handeln. Gottes Wort gibt auf manche Fragen, die auftreten können, klare Hinweise (zum Beispiel auf die Frage der Abtreibung eines Fötuses bei Mehrlingsschwangerschaft); auf andere Fragen, wie Gametentransfer oder homologe Insemination (s.u.) finden wir keine klare Weisung. Gott spricht aber auch durch unser Gewissen und durch den Heiligen Geist direkt in unsere Situation. Er führt uns in unserer Kinderlosigkeit ganz persönlich. Daher gibt es kein Schema, das uns herausfinden läßt, was christlichen Paaren „erlaubt" ist und was nicht.

UNTERSUCHUNGSMETHODEN

In groben Zügen werde ich im folgenden verschiedene Schritte und Methoden der Diagnostik bei Unfruchtbarkeit erläutern.

Zu welchem Arzt solltet ihr gehen? Es gibt heute bereits Mediziner, die sich ganz auf das Gebiet der Fortpflanzung spezialisiert haben. Diese praktizieren meist in Universitätskliniken oder größeren Krankenhäusern, mehr und mehr auch in eigenen Praxen. Es ist sinnvoll, einen solchen Arzt relativ früh zu konsultieren, um Wiederholungen der zum Teil unangenehmen Untersuchungen zu vermeiden. Der Hausarzt oder behandelnde Frauenarzt können euch eventuell Hinweise zur Wahl eines geeigneten Arztes geben.

Optimal ist es, wenn ihr zum ersten Arztbesuch Aufzeichnungen der Basaltemperatur der Frau über einige

Monate mitbringen könnt. Diese Methode wird später in diesem Kapitel beschrieben.

Zuerst wird der Arzt die Krankenvorgeschichte (Anamnese) von euch beiden erheben. Diese kann oft schon entscheidende Hinweise für die Ursache der Unfruchtbarkeit liefern. Er fragt nach früheren Erkrankungen, zum Beispiel Infektionskrankheiten wie Mumps, die eine häufige Ursache für männliche Unfruchtbarkeit ist, oder auch nach früheren Geschlechtskrankheiten. Zuckerkrankheit, Schilddrüsenfunktionsstörungen und andere hormonelle Vorerkrankungen werden ausgeschlossen.

Fragen nach der beruflichen Tätigkeit und Lebensgewohnheiten folgen. Mehr und mehr entdeckt die neuere Forschung berufliche Umstände und Umwelteinflüsse als nicht zu unterschätzende Ursache für Unfruchtbarkeit. Auch übermäßiger Konsum von Drogen, Nikotin, Alkohol, Kaffee und anderen Genußmitteln werden als Ursache in Erwägung gezogen.

Gynäkologische Erkrankungen und frühere Schwangerschaften, Fehlgeburten oder Eileiterschwangerschaften sind wichtige Hinweise zur Diagnosestellung. Der Arzt wird recht detailliert nach eurer sexuellen Beziehung fragen. Daß dies ein wichtiger Punkt ist, zeigt sich daran, daß trotz unseres aufgeklärten Zeitalters dabei Verhaltensweisen aufgedeckt werden, die die Erklärung für eine kinderlose Ehe geben. Der Arzt wird ebenso die Psyche der Partner und die Psychodynamik der Beziehung zu erfassen suchen. Auch Fragen nach der Motivation für den Kinderwunsch werden üblicherweise gestellt.

Bei beiden Partnern erfolgt eine allgemeine körperliche Untersuchung zur Abklärung eventueller Grunderkrankungen. Blut- und Urinuntersuchungen werden durchgeführt. Blutuntersuchungen decken zum Beispiel bestimmte Infektionserkrankungen auf, messen den Spiegel wichtiger Hormone und entdecken eventuelle Antikörper gegen Spermien als Ursache für die Unfruchtbarkeit.

Daraufhin folgen spezielle Tests für beide Partner. Die Ursache von Unfruchtbarkeit liegt statistisch gesehen mit gleicher Wahrscheinlichkeit beim männlichen wie beim weiblichen Partner. Diese Untersuchungen können parallel laufen und sind zum Teil recht unangenehm. Vielleicht empfindet ihr es als hilfreich, euch gegenseitig zu den Untersuchungen zu begleiten, zumindest bei den ersten Terminen.

Eine ausführliche Beschreibung aller möglichen diagnostischen Untersuchungen ist im Rahmen dieses Buches nicht möglich. Ich möchte jedoch die häufigsten etwas näher erläutern.

Untersuchungen für den Mann

Ejakulatuntersuchung. Um ein exaktes Untersuchungsergebnis zu erhalten, muß der Samen des Mannes, das Ejakulat, sofort nach der Produktion analysiert werden. Deshalb wird üblicherweise erbeten, daß es in der Praxis gewonnen wird. Nur falls dies absolut nicht möglich ist, kann das Ejakulat in einer privateren Atmosphäre produziert werden, muß aber dann innerhalb einer halben Stunde, ohne daß es der Kälte ausgesetzt wurde, in der Praxis abgeliefert werden. Ein herkömmliches Kondom darf zur Gewinnung nicht benutzt werden, da es das Ergebnis beeinträchtigen kann. Zu beachten ist außerdem eine fünf- bis sechstägige sexuelle Enthaltsamkeit vor der Samenuntersuchung. Meistens wird eine dreimalige

Untersuchung in bestimmten Abständen gefordert, da Quantität und Qualität des Ejakulats relativ großen Schwankungen unterlegen ist.

Wie beurteile ich nun als Christ die Tatsache, daß ich den Samen durch Masturbation gewinnen soll? Viele von uns haben gelernt, daß dies Sünde sei. In diesem Falle jedoch hat es die Zeugung eines Kindes zum Ziel und dient nicht dem sexuellen Lustgewinn. Deshalb sehe ich dabei keine moralischen Probleme für einen Christ. Oft liegen in den Untersuchungszimmern allerdings pornographische Zeitschriften aus. Diese zur sexuellen Anregung zu benutzen finde ich mehr als zweifelhaft.

Die mikroskopische Untersuchung des Samens kann Aufschluß geben über die Zahl der Spermien pro Milliliter, deren Aussehen und Beweglichkeit, also über deren Zeugungsfähigkeit.

Speziellere Untersuchungen. Hier sei noch die feingewebliche Untersuchung des Hodens erwähnt, die weitere Klarheit über Details der Samenproduktion geben kann.

Eingehende Hormonuntersuchungen tragen zur weiteren Diagnostik bei.

Untersuchungen bei der Frau

Messen der Basaltemperatur. Annelies beschreibt als Ärztin diese Methode: „Mit einem gewöhnlichen Fieberthermometer kann die Frau jeden Morgen unmittelbar nach dem Aufwachen ca. 5 Minuten lang ihre Temperatur messen, entweder rektal, das heißt im Enddarm, oder im geschlossenen Mund unter der Zunge. Man nennt dies die morgendliche Basaltemperatur. In einem Heft mit kariertem Papier wird sie dann täglich eingetragen. Um die Zeit des Eisprunges steigt die Basaltemperatur an und verbleibt bis zum Ende des Zyklus auf dieser höheren Lage, um dann kurz vor Eintreten der nächsten Regelblutung wieder abzusinken.

Basaltemperaturkurve

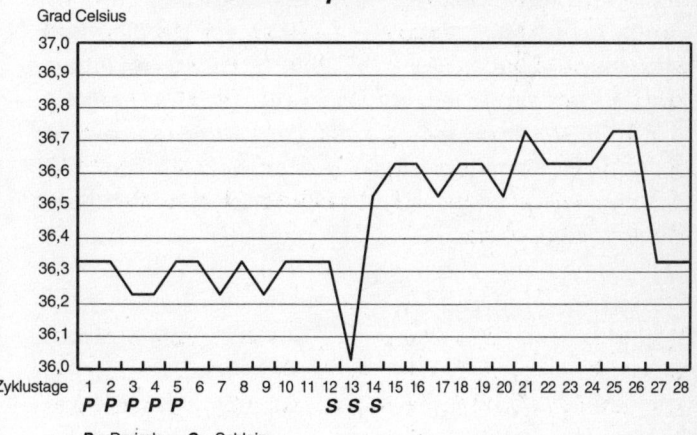

Die Frau kann außerdem ein bis zwei Tage vor dem Eisprung eine Änderung des Zervikalschleims feststellen. Zunächst ist vermehrte Feuchtigkeit am Eingang der Scheide zu bemerken. Dieser Ausfluß wird dann stärker und weißlich-klar, fast glasig. Die Ärzte sprechen von *spinnbarem* Zervikalschleim, das heißt, er ist etwas ausziehbar, fast fadenziehend. Mit Hilfe von Toilettenpapier oder auch zwischen zwei Fingern kann man dieses Phänomen nachvollziehen.

Die Tage mit dem spinnbarem Schleim wie auch die Regelblutung sollten in die Kurve eingetragen werden.

67

Was ist nun die Erklärung für die Änderung der Basaltemperatur und auch des Zervikalschleims? Der Zyklus der Frau wird im wesentlichen durch zwei Hormone bestimmt: Das Östrogen, das in der ersten Hälfte des Zyklus hauptsächlich wirksam ist, und das Progesteron in der zweiten Hälfte. Die Östrogene bereiten den Eisprung vor. Sie sind auch dafür verantwortlich, daß der dickliche Schleimpfropf, der sich am äußeren Muttermund befindet, kurz vor dem Eisprung dünnflüssiger wird. Das ist notwendig, damit die Spermien durch die Gebärmutter in die Eileiter bis zum Ei gelangen können. Das Progesteron, auch Gelbkörperhormon genannt, kommt gleich nach dem Eisprung zum Zuge. Es bewirkt, daß in der Gebärmutter die Schleimhaut für die Einnistung eines eventuell zu empfangenden Kindes bereitet wird. Sozusagen als Nebenwirkung hat dieses Gelbkörperhormon eine Erhöhung der Körpertemperatur der Frau zur Folge. Darauf beruht das Prinzip der Basaltemperaturmessung."

Die Ultraschalluntersuchung der inneren weiblichen Geschlechtsorgane. Sie dient der Aufdeckung von krankhaften Veränderungen der Gebärmutter oder Eierstöcke. Die heutige Technik ermöglicht es sogar, heranwachsende Follikel und den stattgefundenen Eisprung zu sehen sowie zyklusabhängige Veränderungen der Gebärmutterschleimhaut.

Der Postkoitaltest. Nach sexuellem Verkehr geht die Frau innerhalb einer festgesetzten Zeit zum Arzt, wo ihr Sekret des Gebärmutterhalses, einschließlich der sich dort befindenden Spermien, entnommen wird. Die Sper-

mien werden dann auf Zahl, Beweglichkeit und Aussehen untersucht. Die Bewertung dieser Probe erfolgt nach
einer Gradeinteilung, die Rückschlüsse auf die Fruchtbarkeit zuläßt.

Die Hysterosalpingographie. Hierbei werden die Gebärmutterhöhle und die Eileiter durch Einbringen eines
Kontrastmittels röntgenologisch dargestellt. Geschwulste
der Gebärmutter und vor allem Verschlüsse oder Verwachsungen im Bereich der Eileiter können mit diesem
Verfahren diagnostiziert werden. Da das Kontrastmittel
mit einem gewissen Druck injiziert wird, kann es zu einer
spontanen Lösung von leichten Verwachsungen in den
Eileitern kommen, die die Eileiter durchgängig machen.
Es gibt zahlreiche Fälle, wo direkt nach dieser Untersuchung eine Schwangerschaft eingetreten ist.

Die Bauchspiegelung. Diese kann stationär oder ambulant durchgeführt werden. Es ist sinnvoll, sie dort machen
zu lassen, wo die Sterilitätsbehandlung durchgeführt
wird. Durch einen winzigen Schnitt in die Bauchdecke
führt der Arzt ein optisches Instrument ein. Gleichzeitig
wird die Bauchhöhle mit Luft gefüllt, um die Organe besser sehen zu können. Durch den Muttermund wird eine
Farblösung in die Gebärmutter eingespritzt und beobach-
tet, ob diese aus den Eileitern am Ende austritt. Mit Hilfe
dieser Untersuchung ist es möglich, Eileiter-Anomalien
genau zu diagnostizieren und auch andere krankhafte
Veränderungen zu sehen. In gewissen Fällen können
sogar direkt bestimmte Operationen, zum Beispiel mit
Hilfe der Lasertechnik, durchgeführt werden.

Weitere Untersuchungen. Diese schließen Spiegelungen der Gebärmutterhöhle ein, eventuell mit Entnahme einer Gewebeprobe, sowie eingehende hormonelle Untersuchungen.

Am Ende dieser diagnostischen Maßnahmen werden manche Ehepaare trotz allem ohne ein Ergebnis dastehen, das heißt, eine Ursache für ihre Kinderlosigkeit wurde mit den bisher bekannten Methoden nicht ermittelt. Die Rate dieser sogenannten idiopathischen (unerklärlichen) Unfruchtbarkeit wird mit 10-20% angegeben.

Im Anschluß an die Diagnose wird euch der Arzt normalerweise einen Behandlungsplan vorschlagen. Ich will versuchen, die wesentlichen Behandlungsverfahren kurz und einfach darzustellen.

Behandlungsmöglichkeiten beim Mann

Die Spermaaufbereitung. Männern, die zu wenig Ejakulat, das heißt zu wenige gesunde Spermien haben, kann diese Methode helfen. Dabei wird das Ejakulat gewaschen, gefiltert und konzentriert. Auch kann durch einen Zentrifugationsprozeß eine Selektion der starken Spermien erreicht werden. Für viele der assistierten Befruchtungsverfahren wird diese Methode angewandt, um das Ejakulat zu optimieren.

Operative Verfahren. Eine sogenannte Varikozele, eine krampfaderartige Erweiterung der Hodenvenen, kann eine Erhöhung der Temperatur im Hodenbereich bewirken oder zu Durchblutungsstörungen führen, was zu einer Beeinträchtigung der Samenreifung beitragen kann. Durch einen relativ einfachen chirurgischen Eingriff wird diese kleine Krampfader unterbunden.

Bei blockierten oder verklebten Samenleitern kann heute durch mikrochirurgische Techniken ein Abfluß der normal vom Hoden produzierten Spermien hergestellt werden.

Medikamentöse Behandlung. Die Indikation einer medikamentösen Behandlung ist weit gefächert. Ziel ist eine Verbesserung des Spermabefundes. Da die normale Spermareifung etwa 80 Tage dauert, sollte eine medikamentöse Behandlung mindestens für drei Monate angesetzt werden. Es kommen dabei direkte männliche Geschlechtshormone und auch andere Hormone und hormonähnliche Substanzen zum Einsatz. Nach einer Behandlung tritt die erwünschte Schwangerschaft, je nach Grundstörung, in etwa 15-30% der Fälle ein.

Ich persönlich halte diese Behandlungsmöglichkeiten für den Mann aus christlich-ethischer Sicht durchaus für vertretbar.

Behandlungsmöglichkeiten bei der Frau

Die möglichen Ursachen weiblicher Unfruchtbarkeit sind zahlreicher und komplexer und können hier nicht ausführlicher behandelt werden.

Medikamentöse Behandlung hormoneller Störungen. Das Ziel einer solchen Behandlung ist die Verbesserung der Heranreifung von Follikeln, gefolgt von einem Eisprung, und eine ausreichende Funktion des sogenannten Gelbkörpers, der das schwangerschaftserhaltende Hormon produziert. Verschiedene Hormone werden zur Erreichung dieses Zieles eingesetzt. Diese Art der Behandlung gehört unbedingt in die Hand eines Fachmannes, da zum Teil ernste Nebenwirkungen auftreten können. Unbedeutendere, jedoch unangenehme Nebenwirkungen sind Hitzewallungen, Übelkeit, Hautveränderungen und Stimmungsschwankungen. Es kann aber auch zu einer Überstimulation der Follikel kommen, einhergehend mit einer Zystenbildung in den Eierstöcken. Daher muß während der Behandlung eine regelmäßige Ultraschallkontrolle erfolgen.

In 10-20% kommt es zur Heranreifung von mehreren Eiern und zu einem Mehrfacheisprung, der zu einer Mehrlingsschwangerschaft führen kann. Die Zahl der Eier kann aber heutzutage mit Ultraschall festgestellt werden.

Der mögliche ethische Konflikt, der im Falle eines mehrfachen Eisprunges auftreten kann, wird am besten bereits im Vorfeld durchdacht. – Bei einer Mehrlingsschwangerschaft mit über drei Embryonen mag es sein, daß der behandelnde Arzt eine *Embryonenreduktion* vorschlägt. Dabei handelt es sich im Prinzip um die Abtreibung von einigen der Embryonen, um die Überlebenschancen von einem bis drei Embryonen zu gewährleisten.

Mehrlingsschwangerschaften jenseits von Drillingen sind auch heute noch mit einer hohen Säuglingssterblichkeit und anderen frühkindlichen Komplikationen verbunden. Als Paar könnt ihr somit vor der Notwendigkeit der Abtreibung eines oder mehrerer Embryonen stehen oder vor dem hohen Risiko, alle ungeborenen Kinder zu verlieren. Die erste Alternative halte ich für ethisch nicht vertretbar, und die zweite ist es im Prinzip wegen ihrer möglichen Konsequenzen auch nicht.

Ich sehe folgende Lösungsmöglichkeiten: Durch sorg-

fältige Ultraschalluntersuchung kann eine Mehrfach-
follikelreifung frühzeitig festgestellt werden. In diesem
Fall kann das Paar sich entscheiden, in dem entsprechen-
den Monat eine Schwangerschaft durch sexuelle Enthaltsamkeit zu vermeiden. Die Einwilligung des behandelnden Arztes vorausgesetzt, könnten überzählige Eibläs-
chen auch mittels einer Laparaskopie abgesaugt und nur
drei zum Eisprung übrig gelassen werden. Diese Möglichkeit ist natürlich recht kosten- und zeitaufwendig,
aber einer Embryonenreduktion in jedem Falle vorzuzie-
hen.

Operative Verfahren. Angeborene oder erworbene krankhafte Veränderungen der Eileiter können chirurgisch behandelt werden. Mikrochirurgische Operationen zur Wie-
derherstellung der Eileiterdurchgängigkeit haben eine
etwa 30%ige Erfolgsrate. Aber es besteht immer noch
das 10%ige Risiko, daß es danach zu Eileiterschwangerschaften mit hoher Komplikationsrate kommt. Bei
schwer geschädigten Eileitern zieht man heute die In-
Vitro-Fertilisation (IVF) vor.

Spezielle Behandlungsverfahren, die beide Partner betreffen

Diese sogenannten „assistierten" Befruchtungsverfahren
werfen ethische Fragen auf, mit denen ihr euch unbedingt
im Vorfeld auseinandersetzen solltet. Die In-Vitro-Fertilisation ist eben nicht nur ein kleiner Eingriff, wie z.B.
eine Blinddarmoperation, sondern hat erhebliche Auswirkungen auf das Paar, das eventuell gezeugte Kind und
die überzählige, befruchtete Eizelle.

Ich kann im folgenden nur einige ethische und rechtliche Fragen bei der Darstellung der einzelnen assistierten Befruchtungsverfahren anreißen. Die Entscheidung, ob eine solche Behandlung für euch in Frage kommt, müßt ihr selbst fällen. Der behandelnde Arzt kann von Rechts wegen keinen Eingriff ohne eure Zustimmung durchführen, und ihr könnt erwarten, daß dies respektiert wird.

Homologe Insemination. Das durch Masturbation gewonnene Sperma des Ehemannes wird, wie oben erwähnt, nach der Spermaaufbereitung in den Gebärmutterhals oder Uterus der Ehefrau direkt eingespritzt. Verschiedene Untersuchungen haben gezeigt, daß diese Methode eine Erfolgsquote von 10-20% aufweist. Sie ist vor allem bei bestimmten Formen eingeschränkter männlicher Unfruchtbarkeit und auch bei Funktionsstörungen des Gebärmutterhalses zu empfehlen.

Die homologe Insemination findet in der Regel in der Praxis des Arztes statt, zu dem Termin, an dem die Wahrscheinlichkeit einer Empfängnis am höchsten ist. Fragen bezüglich der Unnatürlichkeit dieses Vorgangs und der Masturbation treten vielleicht auf. Aber da es sich um Sperma und Eizelle ein und desselben Ehepaares handelt, können viele Christen diese Methode akzeptieren.

Heterologe Insemination. Die Methode ist dieselbe wie bei der homologen Insemination. Der gravierende Unterschied besteht darin, daß der Ehefrau Sperma eines fremden Mannes injiziert wird. Ich möchte auf ethische und rechtliche Fragen dieser Behandlung am Ende dieses Kapitels eingehen.

In-Vitro Fertilisation (IVF). Wie der Begriff bereits andeutet, findet die Befruchtung in einem Laborglas statt. Zunächst wird durch eine Hormonkur bei der Frau die Heranreifung mehrerer Eizellen stimuliert. Mittels einer Bauchspiegelung werden dann reife Eizellen den Eierstöcken entnommen. In einer Petrischale wird der Same des Ehemannes mit den Eizellen in Zusammenhang gebracht. Nach 40-50 Stunden im Brutschrank werden die befruchteten Eizellen (Zygoten) im Vier- bis Achtzellstadium in die Gebärmutter implantiert. Die Erfolgsquote dieser Methode liegt bei etwa 15-20%.

Ein ethisches Problem besteht in der Frage, was mit den überzähligen befruchteten Eizellen geschieht. Wenn wir als Christen glauben, daß neues menschliches Leben mit dem Augenblick der Verschmelzung von Ei- und Samenzelle entsteht, was tun wir mit dem „überzähligen" menschlichen Leben?

Um die Chancen einer Befruchtung zu erhöhen, werden normalerweise immer mehr Eizellen entnommen als nötig, und es werden mehrere befruchtete Eizellen in die Gebärmutter eingepflanzt, da es bei einem relativ hohen Prozentsatz zu Frühaborten kommt. Die Chancen der IVF können nicht vorhergesehen werden. Es kann dazu kommen, daß keine Eizelle befruchtet wird oder auch alle implantierten Zygoten absterben. Im anderen Extremfall werden alle Eizellen befruchtet, und die implantierten entwickeln sich zu einer Mehrlingsschwangerschaft.

Eine angebotene Lösung für die überzähligen Embryonen ist die sogenannte Kryokonservierung, das heißt, die überzähligen befruchteten Eizellen werden bei minus 196 Grad Celsius im Kühlschrank aufbewahrt. Dies würde für eine erwünschte zweite Schwangerschaft die erneute IVF ersparen, und der Frau könnten dann zu diesem Zeitpunkt die restlichen Zygoten eingepflanzt werden.

Trotz moderner Kühltechniken sterben allerdings bis zu 30% der befruchteten Eizellen während des Tiefkühlprozesses ab. Mögliche Schädigungen der Zygoten sind außerdem noch nicht ausreichend erforscht, obwohl weltweit bereits über 10.000 Kinder nach Kryokonservierung geboren wurden.

Eine andere Option, die angeboten wird, ist, die überzähligen, befruchteten Eizellen einem anderen unfruchtbaren Paar zu überlassen. Aber das hat schwerwiegende, rechtliche Folgen, auf die ich nachher noch kurz eingehe.

Die übriggebliebenen Zygoten einfach sterben zu lassen, lehnen die meisten Christen ab.

In der Beurteilung dieser Behandlungsmethode gehen die Meinungen auch in der evangelikalen Welt weit auseinander. So schreibt der Gynäkologe Dr. Wolfgang Furch: „Die IVF-Methode wird seit 1982 angewendet und ist bis heute nicht aus ihrem experimentellen Charakter herausgetreten. Die schwierige Prozedur mit Hormonbehandlung, mehreren Bauchspiegelungen und vielen sonstigen Untersuchungen, die etwa 50.000 DM kostet, führt bei weniger als 15% der Frauen schließlich zu einem ausgetragenen Kind. Bei diesem Verfahren werden bis zu 20 frühe Embryonen, also frühe Formen des individuellen Menschen, der durch das Embryonen-Schutzgesetz gegen Experimente geschützt wird, ‚verbraucht‘. Diese Methode hat also nicht nur mit dem Leben, sondern ganz massiv auch mit dem Tod zu tun. Die In-Vitro-Fertilisation halte ich wegen des ‚Verbrauchs‘ von Embryonen für Christen nicht für einen gangbaren Weg."[5]

Dagegen schreibt Dr. Erich Hermann, Leiter einer gynäkologischen Klinik: „Für ein gläubiges Ehepaar dürften meiner Meinung nach die homologe Insemination und Gametentransfer – auch in Form der In-Vitro-Fertilisation – vertretbar sein, sofern sie von verantwortungsbewußten Ärzten ausgeführt werden."[6] In diesem Spannungsfeld also steht ihr mit euren Fragen. Wenn ihr euch für diese Behandlung entschließt, solltet ihr auf folgendes achten:

Am besten wird die Behandlung von einem Reproduktionsmediziner mit einer nachgewiesenen guten Erfolgsquote bei der IVF durchgeführt. Der Arzt muß einverstanden sein, nur so viele Eizellen zu entnehmen und zu befruchten, wie ihr bereit wärt auszutragen. Dabei ist zu erwägen, daß eine Mehrlingsschwangerschaft jenseits von Drillingen sicher ein überhöhtes Risiko für das Überleben der Embryonen darstellt. Die Erfolgsrate dieser quasi ‚reduzierten‘ IVF ist allerdings geringer als oben angegeben.

Zusammenfassend möchte ich noch einmal die Fragen auflisten, die ihr vor der Inanspruchnahme der IVF erwägen solltet:

- Wieviele Eizellen sollen maximal befruchtet werden?
- Wieviele befruchtete Eizellen sollen in die Gebärmutter eingepflanzt werden?
- Was soll mit den überzähligen befruchteten Eizellen geschehen?
- Wie verhaltet ihr euch im Falle von Komplikationen bei einer Mehrlingsschwangerschaft, insbesondere wenn zu Embryonenreduktion, sprich Abtreibung, geraten wird, um wenigstens ein oder zwei der Embryonen zu retten?
- Wie denkt ihr, emotional mit einem IVF-gezeugten Kind umgehen zu können?

- Wollt ihr eurem Kind später erzählen, wie es gezeugt wurde?
- Seid ihr bereit, euch einige (meist drei) Monate diesem enormen Streß auszusetzen?

GIFT-Methode. GIFT steht für die Abkürzung eines Begriffes aus dem Englischen (Gamete Intra Fallopian Transfer). Bei dieser Methode werden während einer Bauchspiegelung Eizellen entnommen und zusammen mit aufbereiteten Samenzellen sofort in einen funktionstüchtigen Eileiter injiziert. In der Regel werden zwei bis drei Eizellen mit Sperma in einen der Eileiter gebracht. Die Verschmelzung der Ei- und Samenzelle findet also an ihrem „natürlichen" Platz statt, nämlich im Eileiter. Das Problem überzähliger befruchteter Eizellen stellt sich damit nicht. Die Erfolgsquote liegt etwas niedriger als bei der IVF.

Dieses Verfahren bringt im Vergleich mit der IVF keine neuen ethischen Fragen auf.

Die Mikroinsemination. Sie ist eine relativ neue Methode, die besonders bei stark eingeschränkter Spermaqualität und unerklärlicher Unfruchtbarkeit angewandt werden kann. Der medizinische Fachausdruck lautet Intrazytoplasmatische Spermieninjektion (ISCI). Dabei wird unter einem Mikroskop eine speziell ausgesuchte Samenzelle genommen und mittels einer Nadel in eine zuvor entnommene reife Eizelle injiziert. Das so befruchtete Ei wird nach zwei Tagen in einem Brutschrank in den Eileiter eingepflanzt. Die Erfolgsqoten dieser Methode werden mit 25-60% angegeben. Dies klingt natürlich sehr verheißungsvoll.

Allerdings befindet sich das Verfahren noch im Experimentierstadium. Vor allem ist ungeklärt, ob die Manipulation an Samen- und Eizelle nicht zu einer höheren Mißbildungsrate führt. Auch stellt diese Technik die erste wirklich künstliche Befruchtung dar. Bei allen vorher beschriebenen Methoden mußte die Samenzelle die natürliche Barriere der Eizellenhülle selbst überwinden. Dieser Prozeß wird als eine Art natürliche Auslese für genetisch minderwertige Samenzellen angesehen. Nur eine gesunde Samenzelle kann diese Mauer durchbrechen. Mit der Mikroinsemination fällt diese Auslese weg.

Besteht also hier die Gefahr, daß es zu einer Befruchtung mit einer geschädigten Samenzelle kommen kann? Die bisherigen auf diese Weise gezeugten Kinder weisen keine erhöhte Mißbildungsrate auf. Allerdings reichen die Zahlen noch nicht aus, um definitive Aussagen machen zu können.

Eine weitere Befürchtung steht im Raum, nämlich die, daß es von dieser Methode nur noch ein kleiner Schritt bis zur Genmanipulation ist. Zumindest die Wahl, ob es ein Mädchen oder ein Junge sein soll, stellt kein großes Problem mehr dar.

Die ethischen Probleme für das individuelle Paar ähneln denen der vorher beschriebenen Methoden. Für alle Christen stellt sich jedoch grundsätzlich die Frage, ob man nicht weitere Forschung auf diesem Felde aktiv ablehnen sollte, da hier massiv in den Schöpfungsprozeß Gottes eingegriffen wird. Die Diskussion hierüber wird sicher in den nächsten Jahren vehement geführt werden.

Samenspende, Eispende, Leih- und Tragemutter. Auf die heterologe Samenspende bin ich schon kurz eingegangen. Bei der Eispende wird die Eizelle einer fremden

Frau mit dem Samen des Ehemannes mittels oben aufgeführter Methoden befruchtet und in den Eileiter der Ehefrau gepflanzt.

Eine Leihmutter ist eine Frau, die ihre Gebärfähigkeit dem unfruchtbaren Paar zur Verfügung stellt. Das kann auf zwei Arten geschehen. Im einen Fall wird die Eizelle der Leihmutter mit dem Samen des Ehemannes assistiert befruchtet und in die Eileiter der „beschenkten" Mutter injiziert. Eine Tragemutter trägt dagegen die durch IVF befruchtete Eizelle des Ehepaares aus. Oft wird eine Leihmutterschaft gegen ein entsprechendes Entgelt gewährt.

Bei all diesen Verfahren gibt es offensichtlich gravierende rechtliche und ethische Probleme. Besonders ist hierbei die Situation des zukünftigen Kindes zu berücksichtigen. Ich kann nur zwei Probleme ganz kurz anreißen:

- Die Identität des Spenders muß in Deutschland vom Arzt festgehalten werden. Das gezeugte Kind hat das Recht, seine genetischen Eltern kennenzulernen. Es bestehen gesetzliche Unterhaltsrechte gegenüber dem genetischen Elternteil. Verträge jeglicher Art zwischen dem unfruchtbaren Paar und den Ei- oder Samenspendern heben diese Rechte für das Kind nicht auf.
- Eine Leihmutter kann nicht gezwungen werden, das von ihr geborene Kind abzugeben. Umgekehrt können die „Auftraggeber" zum Beispiel die Annahme eines behinderten Kindes verweigern.

Aus diesen beiden Gründen und noch zahlreichen anderen möglichen Konstellationen halte ich die oben erwähnten Verfahren für nicht akzeptabel.

Etwas anderes ist der Sachverhalt bezüglich der sogenannten vorgeburtlichen Adoption, auch Embryo-adoption genannt. Dieses Verfahren ist sicher noch sehr ungewöhnlich. Dabei adoptiert das unfruchtbare Paar eine befruchtete Eizelle, die der Ehefrau eingepflanzt wird. Die diesbezügliche Rechtslage in Deutschland ist noch nicht geklärt. Der 56. Deutsche Juristentag hat diese „Embryospende" akzeptiert, wenn dadurch, quasi als Entscheidung für das Leben, das Absterben eines über-zähligen Embryos verhindert werden kann.

Diese Möglichkeit scheint auf den ersten Blick für sol-che Paare verlockend zu sein, die sich mit dem Gedanken tragen, einen Säugling zu adoptieren – die Adoption wird praktisch um neun Monate vorverlegt. Positive Argu-mente fallen einem sofort ein:

Eine befruchtete Eizelle wird vor dem Absterben oder sonstigem Mißbrauch bewahrt. Die Ehefrau erlebt Schwangerschaft und Geburt.

Die psychische und physische Entwicklung des Kin-des im Mutterleib ist positiv, da die Mutter sehnlichst dieses Kind erwartet. Dies steht im krassen Gegensatz zu Kindern, die nach der Geburt zur Adoption freigegeben werden, aber während der Schwangerschaft oft schon Ablehnung durch die Mutter erfahren haben.

Zu bedenken sind allerdings einige wichtige Fragen:

Will man dem Kind seine Herkunft mitteilen oder die ganze Sache vor aller Welt geheimhalten? Ist letzteres überhaupt möglich?

Falls man sich zur Geheimhaltung entscheidet, wie reagiert man gerade in christlichen Kreisen, wenn Leute Gott für das Wunder der nach langem Beten eingetrete-nen Schwangerschaft preisen?

Wie verhält man sich, wenn das Kind äußerlich völlig anders aussieht als die Eltern und Nachfragen diesbezüg-lich auftreten?

Wie würde das Kind auf solche Verdächtigungen reagieren?

Noch schwieriger wird es, wenn der Sachverhalt offenbar wird. Das kann die Vertrauensbasis zwischen Eltern und Kind nachhaltig belasten.

Falls man sich entscheidet, von vorneherein mit offenen Karten zu spielen, wie wird das Kind mit der Tatsache fertig, eine „überzählige" Eizelle gewesen zu sein, übriggeblieben in irgendeinem Labor bei dem Versuch, seinen genetischen Eltern Nachwuchs zu ermöglichen?

Fragen über Fragen, die sicher nicht leicht zu beantworten sind.

Bei der steigenden Anzahl von assistierten Befruchtungen könnte die Möglichkeit der vorgeburtlichen Adoption in Zukunft mehr in den Blickpunkt geraten, es sei denn, die Gesetzgeber werden dies grundsätzlich verbieten. Daher bin ich auf diese Problematik etwas näher eingegangen.

PSYCHOSOMATISCHE BEHANDLUNG

Der Zusammenhang zwischen Unfruchtbarkeit und Psyche ist unbestritten. Allein der Streß der Behandlung kann die Fruchtbarkeit immens reduzieren, ebenso natürlich wie jede andere emotionale Belastung des Alltags. Psychotherapie, individuell und als Paar, hat heute in der Behandlung von Unfruchtbarkeit seinen festen Platz. Ob das in eurem individuellen Fall angezeigt ist, solltet ihr mit eurem behandelnden Arzt besprechen.

ALTERNATIVE METHODEN

Hierunter sind Verfahren der Unfruchtbarkeitsbehandlung zu verstehen, die schulmedizinisch nicht anerkannt sind. Da ich kein Fachmann auf diesem Gebiet bin, kann ich diese im einzelnen nicht bewerten. Den religiösen Hintergrund mancher Methoden sollten wir mit biblischen Maßstäben messen, wobei Erfolg nicht der einzige Beweggrund sein kann.

Auch wenn ihr über atemberaubende Behandlungserfolge hört, versucht nüchtern zu erwägen, ob eine solche Behandlung für euch in Frage kommt.

Wir haben eine derartige Situation durchgemacht. Freunde erzählten uns von zwei Frauen, die nach einer Konsultation bei einem bestimmten Homöopathen schwanger wurden. Birgit war Feuer und Flamme und wollte sich mehr oder weniger sofort ins Auto stürzen und hinfahren. Die Lösung schien so einfach. Es war zwar nicht unbedingt billig, aber man mußte sich nur 2-3 Stunden mit dem Mann unterhalten. Er würde bis ins kleinste Detail nach allen möglichen Lebensgewohnheiten fragen. Am Ende der Konsultation bekäme man eine Tablette auf die Zunge gelegt, die man in Gegenwart des Homöopathen schlucken müsse. Daraufhin wurden die beiden Frauen schwanger.

Ich bin von Natur aus eher skeptisch und dazu schulmedizinisch ausgebildet. Wir entschieden uns, Gott zu fragen, ob wir diese Behandlung in Anspruch nehmen sollten. Dies alles geschah während eines kurzen Heimataufenthaltes in Deutschland. Viel Zeit blieb uns nicht. Nach Gebet hatte ich den Eindruck, daß es nicht Gottes Weg für uns war, diesen Homöopathen aufzusuchen. Birgit konnte dies akzeptieren, obwohl es ihr schwer fiel. Später schickten mir unsere Freunde noch ein Buch, das die Heilmethode und deren ideologischen Hintergrund beschrieb, die dieser Homöopath benutzte. Wir beide fühlten uns daraufhin in unserer Entscheidung gegen die Behandlung bestätigt.

Von Christen haben wir jedoch auch von guten Behandlungsmethoden der Unfruchtbarkeit mittels alternativer Methoden durch christliche Heilpraktiker gehört.

Gedankenanstöße

- Informiert euch so gut ihr könnt durch andere Quellen, bevor ihr eine Untersuchung und Behandlung anfangt.
- Stellt euch die Frage, welche der oben beschriebenen Behandlungsverfahren für euch ethisch vertretbar sind.
- Diskutiert, welche Methoden ihr ethisch ablehnt. Versucht eine gemeinsame Ausgangsposition zu finden, bevor ihr emotional in die Behandlungsverfahren eingebunden seid.
- Versucht herauszufinden, welche Verfahren für euch individuell und/oder als Paar wegen der emotionalen Belastung nicht zu verkraften sind, obwohl ihr sie vielleicht vom christlich-ethischen Standpunkt her vertreten könntet.
- Während der ganzen Behandlungsphase sucht Rat, Beistand und Unterstützung bei gläubigen Freunden und Seelsorgern.

PHASE DER TRAUER

Der Zeitpunkt muß kommen, an dem das Paar eine Tür
hinter sich schließt: Die Zeit des Hoffens, des Doch-
noch-eine-weitere-Therapie-Versuchens muß beendet
werden. Dies ist leichter, wenn eine medizinische Ursache für die Unfruchtbarkeit festgestellt wurde. Aber
auch wenn das nicht der Fall ist, scheint es uns wichtig
zu sein, sich ein zeitliches Limit zu setzen.

Durch die Entwicklung neuer Untersuchungs- und
Behandlungsmethoden wird das Ende der Behandlung
jedoch immer weiter hinausgeschoben. Die Gefahr ist
groß, sich an jede noch so minimale Hoffnung zu klam-
mern. Oft endet man erneut in bitteren Enttäuschungen.
So kann die rasante Entwicklung im Bereich der Fort-
pflanzungsmedizin die Verarbeitung der Kinderlosigkeit
verhindern, und der Horizont des Paares ist jahrelang nur
auf Nachwuchs beschränkt.

Ist die Tür, bildlich gesprochen, geschlossen, wird das
Paar eine Zeit des Trauerns brauchen. Diese Phase ist
ganz wichtig und sollte nicht durch fromme Phrasen
überdeckt und unterdrückt werden. Manche Frau erlebt
diese Zeit wie die Trauer über den Tod des Kindes, das
sie sich so ersehnt und doch nie bekommen hat.

„Diese Trauerarbeit zu leisten ist häufig schwieriger als die beim Tod eines Angehörigen, da der betrauerte Verlust potentielles, noch nicht gelebtes Leben ist, weil man über diesen Verlust im Freundes- und Familienkreis nicht gerne spricht und weil es keine Rituale für diese Trauer gibt."[7]

Aber wie können wir in einer solchen Situation denn überhaupt trauern?

Den Israeliten wurde im Alten Testament oft befohlen eine Zeit des Klagens und Weinens auszurufen. Es war üblich, tiefe Verluste monatelang zu betrauern. Gott führte sein Volk dahin, zu seinem Schmerz zu stehen. Es sollte der Versuchung widerstehen, einfach weiterzuleben und so zu tun, als wäre nichts geschehen.

Auch Jesus begegnet uns, wie er trauert. Sein Freund Lazarus war gestorben. Und wie reagiert Jesus nun auf diesen Verlust? Er ist traurig und weint sogar. Er gibt den Gefühlen Raum, die in ihm sind und drückt sie aus. Jesus schämt sich seiner Tränen nicht, obwohl eine Menge Zuschauer um ihn herum stehen.

Tränen reinigen uns und fördern den Heilungsprozeß, den unsere Seele braucht. Wenn wir unseren Kummer vergraben, wird der Schmerz nur verdrängt, aber nicht bewältigt.

Manche von uns wollen Schmerz und Leid ausweichen und so schnell wie möglich wieder auf der Höhe sein. Aber heilsames und echtes Trauern geht nicht im Schnellverfahren vor sich.

Anja erzählt, wie sie und Christian diese Trauerzeit erlebten:

„Nach einer Untersuchung kam für uns das endgültige ‚Aus' für Nachwuchs. Das war sehr hart. Ich habe bitterlich geweint, und auch Christian war sehr betroffen. Aber damit kam dann auch ein Stück Befreiung: Jetzt endlich wußten wir, was los war. Nun konnten wir lernen, damit zu leben. Wir haben kurz darauf bei Christen Rat gesucht, denen wir sehr vertrauten, und haben einfach mal von dem ganzen Druck erzählt, den wir über die Jahre ertragen hatten, und auch über unsere Sexualität, die sich verkrampft hatte. Wir haben über unsere Beziehung geredet, die anfing zu kriseln. So konnten wir Dampf ablassen. Wir haben dann zusammen beten können und festgestellt, daß wir jetzt eine Zeit der Trauer brauchten. Die haben wir uns dann auch genommen.

In dieser Zeit haben wir überhaupt nicht miteinander verkehrt. Das war für uns beide wichtig, einfach einmal die Sexualität ad acta zu legen und Freundschaft miteinander zu haben. Wir haben uns damals ein Stück vom Trubel des Lebens zurückgezogen und viel Zeit in Spaziergänge und Gespräche investiert. Mit der Zeit ließ der tiefe Schmerz nach und wandelte sich in einen mehr sachlichen Zustand."

Eine amerikanische Psychologin weist Trauernde dringend darauf hin, in dieser Zeit das Tempo ihres Lebens radikal zu reduzieren. Warum? – Damit sie den Verlust noch einmal durchdenken, darüber reden, schreiben, beten konnten. „Aus Erfahrung weiß ich, daß die Menschen vor Schmerz davonrennen wollen. Aber um den Schmerz zu überwinden, muß man sich ihm stellen, muß ihn aushalten. Er muß verarbeitet werden, bevor er nachlassen kann. Das ist Gottes Art."[8]

Es ist wichtig, sich wie Christian und Anja gerade in dieser Phase Zeit zum Gespräch, zum Miteinanderdurchleiden dieses Schmerzes zu nehmen. Es ist wichtig, dem Partner Raum zu geben, seine Trauer ihm gemäß auszudrücken.

Und dennoch, gerade in dieser Phase wurde mir wie nie zuvor bewußt, daß ich letztlich auch alleine da hindurch gehen mußte. In mein Tagebuch schrieb ich: „Eben überfiel mich wieder eine Welle der Trauer und des Schmerzes. Ich kuschelte mich bei Wolfgang an und konnte gar nicht nah genug bei ihm sein. Doch plötzlich merkte ich, daß Wolfgang, so sehr er sich auch bemühte mir den Trost und die Geborgenheit, die ich brauche, nicht geben kann." Zunächst war ich enttäuscht und verwirrt, aber mehr und mehr wurde mir klar, daß er mir diesen letzten Trost gar nicht geben konnte.

Wer aber kann mich im Innersten trösten? In Jesaja 66,13 steht: „Ich will euch trösten, wie einen seine Mutter tröstet." Welch ein zärtliches Bild von Gott! Wie tröstet denn eine Mutter? Sie nimmt ihr trauriges oder verletztes Kind auf den Schoß, wiegt es hin und her und hält es einfach fest. Sie spricht mit ihm über seinen Kummer, nimmt es ernst und schenkt ihm ihre ganze Aufmerksamkeit. Allmählich versiegen die Tränen, das Kind kuschelt sich an die Mutter an und findet sein inneres Gleichgewicht wieder.

Genauso will Gott uns trösten. Diese letzte Geborgenheit kann uns kein Mensch vermitteln, kein Seelsorger, kein Freund und auch nicht der Ehepartner. Die finden wir nur in Gott. Er möchte uns in der Tiefe unseres Seins berühren und in unserem Schmerz halten.

So war es für mich wichtig, diesen tiefen Trost, nach dem sich meine Seele sehnte, bei Gott zu suchen und dort auch zu finden. Das entlastete Wolfgang, der manchmal ein schlechtes Gewissen hatte, mich nicht besser trösten zu können.

Im Verarbeiten des Schmerzes ist es hilfreich, wenn wir unserer Trauer Ausdruck verleihen. Die Beerdigung eines geliebten Menschen und der Trauergottesdienst sind, so schwer sie uns auch fallen, Hilfen bei der eigenen Bewältigung der Trauer. Da, wo es eigentlich keine offiziellen Rituale für unsere spezielle Trauer gibt, ist es hilfreich, eigene Ausdrucksformen zu finden. Wie könnten die in unserem Fall aussehen?

Ich hörte von einem Ehepaar, das sich eine Woche Trauerurlaub nahm, an die See fuhr und in dieser Zeit den Verlust ihres Wunschkindes betrauerte. Ein anderes Paar pflanzte einen Baum im Garten, ihren „Trauerbaum". Wenn der Kummer wieder überwältigend neu aufkam, war das der Ort, an dem sie trauern konnten.

Eine andere Ausdrucksform kann eine gemeinsame Gebetszeit mit vertrauten Freunden sein, in der das Paar ihren Wunsch nach einem leiblichen Kind Gott zurückgibt und in der sie „ihr Wunschkind zu Grabe tragen". Das kann sie innerlich sehr berühren, und es ist wichtig, daß sie sich vor ihren Freunden frei fühlen, ihrem Schmerz Ausdruck zu verleihen. Durch Bibelworte, Gedanken und Lieder, die die Freunde ihnen zusprechen, kann Gott das Paar anrühren und trösten.

Auch seiner Trauer in einem Lied, Gedicht oder Gemälde Ausdruck zu verleihen, kann ein Schritt zur Verarbeitung sein. Dabei geht es überhaupt nicht um ein künstlerisch wertvolles Produkt, sondern vielmehr um den Prozeß, der sich während der Tätigkeit in unserem Innern abspielt.

Wolfgang und mir war es wichtig, uns in dieser Phase von Sachen zu trennen, die im Zusammenhang mit der Hoffnung auf ein Baby standen. Das war bei mir zum Beispiel ein Umstandskleid, das ich kurz vor unserer Abreise nach Nepal gekauft hatte. Über Jahre hatte ich es wie einen Schatz in einem Koffer aufbewahrt. Oft malte ich mir aus, wie wunderschön es doch sein würde, es endlich tragen zu können. Es war schwer für mich, das

Kleid wegzugeben. Aber ich wußte, daß es ein wichtiger Schritt im *Schließen der Tür* war.

Gedankenanstöße

- Setzt euch als Ehepaar eine zeitliche Grenze, bis zu der ihr aktiv versucht, ein Baby zu bekommen, evtl. auch mit medizinischer Hilfe. Das Leben in der ständigen Spannung und Hoffnung auf ein Baby wird sonst alle anderen Lebensbereiche in Mitleidenschaft ziehen.

- Nimm dir Zeit zu trauern! Verlangsame dein Lebenstempo! Laß deine Gefühle zu, und verdränge den Schmerz nicht!

- Gib deinem Partner Raum, seine Trauer auszudrücken, kritisiere ihn nicht in der Art, wie er trauert. Besonders wenn diese Phase unterschiedlich stark erlebt wird, ist dies wichtig. Dein Partner braucht sich nicht für seine Gefühle zu rechtfertigen.

- Suche nach Ausdrucksformen für deine Trauer. Solltest du dich vielleicht von einem Gegenstand trennen, der für dich das Festhalten an der Hoffnung auf ein Baby versinnbildlicht? Entspricht es dir, deine Trauer in Musik, Malen, Tanz oder Gestalten auszudrücken?

- Bleibt in eurer Trauer nicht allein, sondern öffnet euch Freunden, denen ihr vertraut und die an eurer Seite sind.

GOTT ÖFFNET UNS SEIN HERZ

In den vergangenen Kapiteln habe ich dich in meine inneren Kämpfe einblicken lassen. Immer wieder schüttete ich Gott mein Herz aus. Aber es war nicht nur ein Monolog meinerseits. Gott hat mir geantwortet und mich auch in sein Herz blicken lassen. Er hat mir die Tür einen Spalt breit geöffnet, und ich konnte ein wenig seine Gedanken über uns und unsere kinderlose Situation erkennen und verstehen. Das waren für mich wichtige Sternstunden.

Welche Perspektiven waren es, die Gott Wolfgang und mir über die Jahre hinweg schenkte und die uns halfen, in einem schmerzvollen Prozeß unsere Kinderlosigkeit zu akzeptieren? Dazu möchte ich wieder aus meinen Tagebüchern zitieren:

„Heute morgen kam ich bei meiner Bibellese an Psalm 84,6-7: ‚Glücklich ist der Mensch, dessen Stärke in dir ist ... Sie gehen durch das Tränental und machen es zu einem Quellort!' Dieses Wort berührt mein Herz tief, und wichtige Zusammenhänge tun sich mir auf. *Tränental,* wie einzigartig treffend fühle ich meine Situation der Kinderlosigkeit mit diesem Wort beschrieben. Und dieses Tränental soll ich mit Gottes Hilfe zu einem Quellort verwandeln können!? Das heißt doch, daß in jeder noch so schwierigen Situation Schätze verborgen sind, die man auf anderen Wegen nicht finden kann. Eine ganz neue Perspektive tut sich mir auf. Wie oft ist in mir nur der eine Drang: So schnell wie möglich diesem Tränental ein Ende zu bereiten. Ich will diese Schmerzen und Sehnsüchte nach einem Kind nicht mehr aushalten. Ich hasse sie! Aber kann es sein, daß ich dann etwas Entscheidendes, nämlich Segnungen und Quellen, die Gott gerade in diese Zeit hineingelegt hat, verpasse? Kann es sein, daß ich sie einfach nicht wahrnehme, weil es mir nur darum geht, dem Tränental zu entfliehen? Welch revolutionäre Gedanken! Was könnten die Quellen für mich sein, die es gilt zu entdecken?"

In den nächsten Tagen und Wochen wurde mir deutlich, daß Jesus selbst für mich eine Quelle sein wollte, die es galt, ganz neu kennenzulernen. Wie treu hatte sich Jesus mir gerade in meiner Not gezeigt! Wieviel existentieller hatte ich ihn in den Tiefen meiner Traurigkeit erlebt! Wie oft hatte mich sein Friede eingehüllt, gerade inmitten meines Schmerzes! Aber hatte ich das nicht auch vorher gewußt? Gewußt ja, aber nicht erlebt. Erst inmitten meiner Auseinandersetzung mit unserer Kinderlosigkeit wurde es mir zur realen Erfahrung. Welch ein Schatz!

Überhaupt kam mit unserem unerfüllten Kinderwunsch zum ersten Mal etwas in mein Leben, das nicht meinen Plänen und Wünschen entsprach. Da war nichts, ja gar nichts, was ich daran ändern konnte. Ich mochte mich auf den Kopf stellen! Aber gerade das zwang mich, einmal innezuhalten. Ich konnte nicht mehr so einfach mein Leben weiterleben, sondern ich mußte mich mir selber stellen: Mein Selbstbild, von der immer erfolgreichen Birgit, die alles erreichte, was sie sich vornahm, zerbröckelte. Ja, und was war denn dann noch von ihr da? Wer war Birgit? Was machte sie aus? Was gab ihr ihren Selbstwert?

Das alles empfand ich als sehr schmerzlich, aber wie nötig war es auch. So bekam ich nach und nach einen ganz neuen Zugang zu mir. Freunde ermutigten mich, indem sie mir sagten, daß meine Persönlichkeit gerade an diesem unerfüllten Wunsch gereift und vertieft worden wäre.

Eng damit verknüpft entwickelte ich ein wachsendes Verständnis für Leute, die auch mit unerfüllten Wünschen leben mußten. Waren ihre Lebensumstände auch anders, so begann ich doch in einer neuen Dimension mitfühlen zu können. Durch unsere durchlittene Unfruchtbarkeit hatten wir nun einen ganz anderen Zugang, um Freunden in Not beizustehen. Waren das nicht viele Quellen, die ich entdeckte?

Eine weitere Tagebucheintragung: „Beim Lesen des Buches *Perelandra* von C.S. Lewis hat mich eine Aussage der Grünen Frau sehr beeindruckt und ist mir zu einer Predigt geworden: ‚Man geht auf Nahrungssuche in den Wald, und schon ist der Gedanke an eine bestimmte Frucht in einem wach geworden. Dann findet man vielleicht eine andere Frucht und nicht diejenige, an die man dachte. Eine Freude wurde erwartet, und eine andere wird gegeben. Man könnte die Seele dem erwarteten Guten nachschicken, statt sie dem erhaltenen Guten zuzuwenden. Man könnte das wahre Gute zurückweisen; man könnte der wahren Frucht einen schalen Geschmack verleihen, indem man an die andere dächte.‘

Was für eine Freiheit muß das sein: sich stets kindlich und vertrauensvoll an dem Guten zu freuen, das Gott schenkt und dabei die erwarteten Wunschträume loszulassen, so ganz ohne Verbitterung und negative Gedanken. In mir ist Sehnsucht nach einer Lebenshaltung, in der ich offene Augen habe für seine Geschenke, die er mir in den Weg legt. Das bedeutet für mich zur Zeit:

- die Fixierung auf ein Kind loszulassen,
- mich zu freuen über Wolfgang und unsere Liebe, die so beglückend ist,
- mich zu freuen am Sonnenschein heute und den Blüten in der kleinen Vase neben mir,
- dankbar zu sein für den schönen Ausflug gestern und die fünf Briefe aus Deutschland.

Ganz neu will ich es lernen, das erhaltene Gute zu sehen."

Immer mal wieder haderte ich damit, wie Gott nur dieser Fehler unterlaufen konnte, mir als Missionarin keine Kinder zu schenken. Kinder sind in Nepal doch so wichtig, und gerade über sie werden die Kontakte hergestellt! In einer stillen Zeit sprach Philipper 1,12 zu mir. Da schreibt Paulus: „Wie es um mich steht, das ist nur mehr zur Förderung des Evangeliums geraten." Diese Aussage hat mich stutzig gemacht. Seine Gefängnissituation sollte der Förderung des Evangeliums dienen? Wieviel mehr hätte er doch für Gott schaffen können, wäre er frei gewesen. Aber dann hätten wir heute nicht den ermutigenden Philipperbrief, der ja gerade aufgrund dieses Gefängnishintergrundes besonderes Gewicht hat.

So konnte ich in meinem Herzen auch annehmen, daß meine Kinderlosigkeit den Dienst hier nicht verhindern, sondern fördern würde. Gerade in diesem Land vermochten wir zu demonstrieren, daß eine Ehe auch dann einen Sinn hat und erfüllend sein kann, wenn sich kein Nach-

94

wuchs einstellt. Allein die Tatsache, daß mein Mann keine zweite Ehefrau nahm, wie in Nepal üblich, ist ein wichtiges Zeugnis für Christus. Auch unsere Adoptionen waren später immer wieder Anstöße zu tiefen Gesprächen.

Weiter aus meinem Tagebuch: „Heute nacht bekam ich meine Tage. Lange lag ich wach, dachte nach und betete. Trotz meines Schmerzes konnte ich Gott loben, ihm mein Vertrauen aussprechen und mich bei ihm bergen. Und da wurde mir plötzlich klar, was das in der unsichtbaren Welt (in Anlehnung an Hiob) bewirken mag. Gott, der Vater, konnte zu Satan sagen: ‚Siehst du, mein Kind Birgit liebt mich und vertraut mir auch jetzt noch, nicht nur in guten Tagen. Ich bin ihr wertvoller als ein Baby. Du, Satan, hast kein Anrecht auf sie.' Ich wußte mich so eins mit der unsichtbaren Welt, die Gott lobt und preist. Meine Kinderlosigkeit, eine Situation, die ich nutzen kann, Gott zu zeigen, daß ich ihn liebe." Wie die anderen Kapitel zeigen, ist mir dies immer nur punktuell gelungen. Das waren eben ganz besondere Sternstunden.

An einem bestimmten Bibelvers hatte ich über Jahre hinweg zu knacken. Es war Römer 8,28: „Wir wissen aber, daß denen, die Gott lieben, alle Dinge zum Guten mitwirken." Was habe ich früher aus diesem Vers herausgelesen, oder besser gesagt, da hineininterpretiert? All denen, die Gott lieben, muß es eigentlich gut gehen. Ihr Leben ist nicht schwer, sie sind glücklich, ihre Wünsche werden erfüllt, und so weiter. Das hätte ich wohl damals nicht wörtlich genauso ausgedrückt, aber diese Anspruchshaltung hatte ich Gott gegenüber. Natürlich kam ich mit dieser Einstellung angesichts unserer Kinderlosigkeit bald in Bedrängnis. Mit den Jahren veränderte sich mein Verständnis dieses Verses.

Es geht Gott vielmehr um unseren inwendigen Menschen, um unser Herz und unsere Seele, als um die Erfüllung äußerer Wünsche. Was auch immer uns passieren mag, wie widrig die Lebensumstände auch sein mögen, da, wo wir sie Gott hinhalten, kann er etwas Gutes daraus erwachsen lassen. In dem ganzen Auf und Ab meines Lebens ist er liebevoll an meiner Seite und begleitet mich. Durch unsere Kinderlosigkeit kam ich in eine Lebenskrise, die ich nie freiwillig gewählt hätte. Doch durch sie ist auch viel Wertvolles in meinem Leben entstanden, das ich nicht mehr missen möchte. Jede Lebenskrise kann uns in Gottes Arme treiben. Doch sie kann auch zerstörerische Macht über uns haben. Aber dazu im nächsten Kapitel.

Gedankenanstöße

- Bitte Gott, dir sein Herz zu öffnen. Lies die Bibel in der Erwartung, daß Gott in deine Situation sprechen will. Versuche euer Leben aus Gottes Perspektive zu sehen. Was siehst du da? Was sagt Gott zu dir? Schreibe dir Bibelworte und Eindrücke auf.

PHASE DER HEILUNG
VON VERLETZUNGEN

Heute früh fuhr ich auf meinem Motorroller zum Ein-
kaufen in den Basar. Während ich die Brücke des Scheti-
Flusses überquerte, bot sich mir ein vertrautes, aber trauriges Bild. Die Müllabfuhr war gerade dabei, eine ganze
Ladung Abfall in den Fluß zu werfen. Der Stadtkern wird
dadurch zwar sauberer, denn tief unten in der Schlucht
sieht man den Abfall ja nicht mehr. Weg damit, ist die
Parole! Aber ist er wirklich weg? Nein, nichts verschwin-
det einfach so. Der Abfall verdirbt das Flußwasser, und
einige Kilometer weiter wird das Wasser als Trinkwas-
ser benutzt, wo die Menschen dann an den verschiedensten Durchfallerkrankungen leiden. Die giftigen Anteile
verschmutzen das Grundwasser, reichern sich im einheimischen Gemüse an und wirken so zerstörerisch weiter.

Sind wir nicht in Gefahr, genauso mit dem Schmerz
und den Verletzungen umzugehen, die im Laufe unserer
Auseinandersetzung mit der eigenen Kinderlosigkeit auf
uns eingewirkt haben? Wir vergraben unseren Schmerz
und denken, daß die Zeit allein unsere Wunden heilt.
Doch der Schmerz ist damit nicht einfach weg. In unserem Unterbewußtsein wirkt er weiter. Oft können wir die

Zusammenhänge zwischen der verdrängten inneren Not und unseren Schwierigkeiten gar nicht wahrnehmen. Unsere Umwelt und vielleicht auch wir selbst nehmen nur die Depression, Bitterkeit oder Wesensveränderung wahr. Was aber steckt dahinter?

Mitten in der Phase der depressiven Zustände hörten Wolfgang und ich eine Sendung der Deutschen Welle über Kinderlosigkeit. Die ganze Sendung empfand ich als bedrückend. Die folgenden Aussagen trafen mich wie ein Hammerschlag: „Die meisten der kinderlosen Frauen erleiden psychische Veränderungen, werden depressiv, und ein hoher Prozentsatz der Ehen geht auseinander."

„Ich finde diese Aussagen furchtbar", schrieb ich in mein Tagebuch. „Steht dies nun wie ein Fluch auch über meinem und unserem Leben? Manchmal denke ich, es ist schon soweit. Wie oft sehe ich nur noch Dunkel um mich herum. Muß dieses Schwere mich nicht prägen, mich hart und bitter machen? Auch unsere Ehe hat schon bessere Tage gesehen. Oh, Herr, ich habe solche Angst!"

Weiter schrieb ich: „Jesus, wenn du mich durch dieses Leid trägst und ich nachher nicht verbittert oder depressiv bin, dann schreibe ich ein Buch darüber." Wie sehr hatte ich mich jahrelang nach einem solchen Buch gesehnt!

In welchen Bereichen kann Heilung, Erneuerung und Vergebung nötig sein? Aus unserem eigenen Erleben und in Gesprächen mit anderen Paaren kristallisierten sich folgende Punkte heraus:

- Heilung des Selbstbewußtseins
- Erkennen von unwahren Überzeugungen
- Heilung von verletzenden Kommentaren und Reaktionen der Umgebung
- Heilung und Stärkung der Ehebeziehung

HEILUNG DES SELBSTBEWUSSTSEINS

Kinderlosigkeit kann das eigene Selbstbewußtsein ganz enorm erschüttern. Besonders bei demjenigen, bei dem die Ursache der Unfruchtbarkeit liegt, kann eine große Verunsicherung aufkommen.

Ich fand es immer wieder sehr schwer, hier in Nepal als kinderlose Frau zu leben. Auf der Straße, beim Wandern durch die Berge, im überfüllten Bus, überall werde ich von Einheimischen ganz unverblümt gefragt: „Wo kommst du her? Wieviele Kinder hast du? Wie lange bist du verheiratet? Warum kriegst du denn keine Kinder? Hat dein Mann sich schon eine zweite Frau genommen?" Vielleicht kannst du dir vorstellen, wie sehr ich diese Fragen verabscheute. Ich muß gestehen, daß ich in meinen Antworten nicht immer ehrlich war. Manches Mal erwiderte ich auf die Frage, wie lange wir schon verheiratet seien: „Ach, wir haben erst vor kurzem geheiratet", und entschuldigte mein schlechtes Gewissen mit der Begründung, daß sechs Jahre im Vergleich zur Ewigkeit wirklich eine kurze Zeit seien. Oder ich sagte zur Begründung unserer Kinderlosigkeit, daß wir „Familyplanning" machten. Wir planten doch wirklich eine Familie, nur klappte es leider nicht.

Mit der Zeit wurde mir bewußt, daß dies keine Dauerlösung war. Ich wurde manchmal schon unruhig, wenn Nepalis nur freundlich auf mich zukamen, denn das Thema Kinder würde sicherlich auf den Tisch kommen. So lernte ich, auf die erste Frage hin tief Luft zu holen, sie anzulächeln und zu sagen: „Ja, wir wünschen uns von Herzen Kinder. Aber trotz siebenjähriger Ehe bin ich bis jetzt noch nicht schwanger geworden. Darüber sind wir oft sehr traurig." Nun erlebte ich, wie diese Antwort die Nepalis berührte und sie dann meistens diejenigen waren, die nicht mehr wußten, was sie daraufhin sagen sollten.

Byron C. Calhoun, ein amerikanischer Arzt, beschreibt seine Reaktion, als er erfuhr, daß er zeugungsunfähig war, mit diesem Ausruf: „Bin ich überhaupt noch ein Mann?" Er empfand, daß seine ganze Männlichkeit durch seine Unfruchtbarkeit in Frage gestellt wurde. Sein Selbstbild des erfolgreichen Arztes und Athleten, dem alles gelang, wenn er sich nur genug anstrengte, zerbröckelte nach und nach und ließ ein frustriertes, verunsichertes Etwas zurück. Er beschreibt, wie er versuchte, seine Minderwertigkeitsgefühle auszugleichen: „Ich stürzte mich immer intensiver in meine Arbeit, um den Mangel meiner biologischen Funktion zu kompensieren und mich aufzuwerten. Unter dem Streß der Unfruchtbarkeit wurde ich innerlich immer zorniger und meine sich häufig ändernden Gefühle bestimmten mein Leben. Es kam immer wieder zu unkontrollierten Wutausbrüchen, unter denen sowohl meine Patienten zu leiden hatten als auch Kathy, meine Frau."[9]

Es gibt Männer, die jede Untersuchung strikt ablehnen. Viele brauchen geraume Zeit, um sich dazu durchzuringen. Die Ursache für diese Hemmung ist vielschichtig und von Fall zu Fall verschieden. Die Angst vor dem Ergebnis, unfruchtbar zu sein, ist jedoch ein wichtiger Aspekt, und damit verbunden die Befürchtung, sich dann nicht mehr als vollwertiger Mann zu fühlen. Es ist schon ein entscheidender Schritt auf dem Weg der Heilung des Selbstbewußtseins, sich dieser Zusammenhänge bewußt zu werden.

Ich finde es immer wieder erstaunlich, wenn ich Leute treffe, deren Selbstbewußtsein durch ihre Kinderlosigkeit nicht beeinträchtigt ist. So sagte mir zum Beispiel Joachim, daß ihn die Nachricht seiner Zeugungsunfähigkeit nicht in seinem Selbstbewußtsein erschütterte: „Mein Selbstwert als Mann hängt doch nicht davon ab, ob ich Kinder zeugen kann oder nicht."

Was kann die Ursache für diese extrem unterschiedlichen Reaktionen sein?

Ich denke, daß durch die Kinderlosigkeit weniger neue Reaktionsmuster geschaffen als vielmehr unsere Grundlebensgefühle neu definiert werden. Joachim konnte als Kind ein gesundes Selbstbewußtsein aufbauen, und so erschütterte ihn seine Zeugungsunfähigkeit nicht. Wie sah es jedoch bei mir aus?

Ich ging dem nach, und mir wurde bewußt, daß ich mich schon immer sehr über Erfolg (oder Mißerfolg) definiert habe. Wenn ich etwas schaffte, fühlte ich mich gut, wenn nicht, kam ich mir als Versager vor. So war es nur zu verständlich, daß ich mich auch im Hinblick auf unsere Kinderlosigkeit minderwertig fühlte.

Dazu fand ich folgende Eintragung in meinem Tagebuch: „Ich merke, daß ich mich in der letzten Zeit ständig vor anderen Leuten in ein gutes Licht setze. Ich erwähne ‚nebenbei‘, was ich alles so schaffe, wie ausgefüllt mein Leben ist und wie gut ich doch Nepali spreche. Heute morgen in meiner Stillen Zeit wurde mir bewußt, daß dies aus Minderwertigkeitsgefühlen heraus geschieht. Alle verheirateten Frauen um mich herum sind entweder schwanger oder haben kleine Kinder. Sie haben als Mütter ihre Daseinsberechtigung. Und ich? Ich habe kein Kind. Also muß ich in diesem oder jenem Bereich erfolgreich sein, um mein Dasein zu rechtfertigen."

In mir kam immer öfter die Frage nach meinem Selbstwert auf. Worin lag denn mein Wert? Und was mußte ich dazu tun? Nach und nach begann ich Zusammenhänge zu verstehen.

In unserer Gesellschaft und Erziehung ist uns eingetrichtert worden, daß unser Wert in dem liegt, was wir schaffen und tun, wie weit wir es im Leben bringen und was wir vor anderen darstellen. Dieser Einstellung gemäß empfinden wir unsere Kinderlosigkeit als Versagen und fühlen uns nicht als vollwertige Frau oder vollwertiger Mann.

Wie aber sieht Gott uns? Was ist die Grundlage seiner Liebe und Zuwendung zu uns? Psalm 139 sagt, daß Gott uns bereits im Mutterleib kannte und liebte. Was haben wir damals geschaffen und getan? Gar nichts. Wir waren einfach. Unser Selbstwert liegt nicht in dem, was wir tun, sondern in dem, was wir sind: Geschöpfe Gottes. Er liebt uns um unserer selbst willen. Kaum zu fassen, aber wahr! Auch andere Bibelstellen zeigen uns, daß Gott uns ohne Bedingungen liebt. Ja, man hat sogar eher den Eindruck, daß Gott sich besonders demjenigen zuwendet, der nicht der Norm der erfolgsorientierten Gesellschaft entspricht: Dem Sünder, der Hure, dem geknickten Rohr, dem Versager.

Durch die Kinderlosigkeit wurde ich wie nie zuvor mit mir selbst konfrontiert. So weh das tat, war und ist es doch meine Chance, dieses Grundlebensgefühl anzusehen, Jesus zur Heilung hinzuhalten und dabei zu lernen, mich selbst anzunehmen.

Daß ich dabei immer noch auf dem Weg bin, wurde mir gestern erneut deutlich. Mit einigen Müttern klönte ich schwitzend in der Sauna. Da kamen sie auf ihre Entbindungen zu sprechen. Tja, da konnte ich halt nicht mitreden, und das alte Gefühl der Minderwertigkeit kroch in mir hoch. Ich erinnerte dann meine Seele an das oben Geschriebene und konnte mein inneres Gleichgewicht schnell wiederfinden.

Manchmal erwische ich mich auch, wie ich anderen gegenüber beweisen möchte, daß ich eine gute Mutter bin. Woher kommt das denn? Doch wohl auch aus der Angst heraus, als Adoptivmutter dem Idealbild einer leiblichen Mutter nicht zu entsprechen und damit minderwertig zu sein.

Gedankenanstöße

- Dies alles zu lesen und mit dem Kopf zu bejahen ist ein Schritt auf dem Weg, aber es muß viel tiefer gehen, um wirklich dein Innerstes zu verändern. Welche Grundlebensgefühle, die du schon als Kind kanntest, bringt die Auseinandersetzung mit der Kinderlosigkeit bei dir neu zum Schwingen? Laß Jesus an die wunden Stellen deines Lebens. Mach dich mit ihm auf den Weg, neue Denk- und Verhaltensmuster zu entwickeln. Folgende Bibelstellen drücken Gottes bedingungslose Liebe zu uns aus: Jesaja 43,1-3; Jesaja 49,15-16; Jeremia 31,3 und andere. Sei in all dem geduldig mit dir selbst. Der Weg ist lang, und die Muster sitzen tief. Eventuell kann es dir eine Hilfe sein, den Beistand eines geschulten Seelsorgers in Anspruch zu nehmen.
- Auch ihr als Paar könnt euch gegenseitig helfen. Sagt einander, was ihr am anderen schätzt. Laßt einander spüren, daß euch eure Beziehung wichtig und wertvoll ist, auch ohne Nachwuchs. Bestätigt euch gegenseitig als Personen. Es ist schön, wenn diese Bestätigung auch von außen auf euch

zukommt. Grundsätzlich mußt du dir aber klarmachen, daß deine Erfüllung nicht von Kindern abhängig ist. Du bist als Frau auch ohne Nachwuchs wertvoll.

ERKENNEN VON UNWAHREN ÜBERZEUGUNGEN

„Wenn ich ein Kind hätte, wäre alles in Ordnung. Dann hätte ich keine Probleme mehr." Wie viele andere hätte auch ich jahrelang diese Aussage unterschreiben können. Die Ursache aller Not und allen Schmerzes lag in unserer Kinderlosigkeit begründet. Nur mit der Erfüllung dieses Wunsches konnte ich glücklich werden. Ich wollte mich manchmal gar nicht mit der Tatsache der Kinderlosigkeit auseinandersetzen, ich wollte einfach ein Kind!

Damals ahnte ich nur und heute weiß ich, daß dies falsche und irreführende Gedanken sind. Natürlich würde ich auch mit einem Kind Nöte und Probleme haben. Ein Baby war nicht die Antwort auf jeden Frust in meinem Leben. Wie unrealistisch und glorifizierend sah ich das Leben anderer Mütter oder beobachtete das Familienleben von Freunden und Bekannten.

Eine Gynäkologin erzählte mir von einigen Paaren, für die die Erfüllung ihres Kinderwunsches der Himmel auf Erden bedeutete. Für manche kam nachher die große Ernüchterung. Das lang ersehnte Baby war zwar da, aber bei dem einen Paar brach die Ehe auseinander, bei dem anderen war der Streß mit dem Kind so groß, daß sie das ungeplante zweite Kind abtreiben ließen.

Unser erwünschtes Baby sollte nicht der Abfallkorb

für all unsere Probleme sein. Ja, wir wünschen uns von Herzen ein Kind, aber dennoch sollten wir jetzt unseren Problemen ins Auge sehen, seien es Frustrationen im Beruf, immer wieder aufkommender Zorn, Minderwertigkeitsgefühle, unrealistische Vorstellungen vom Familienleben und so weiter. Ein Baby an sich ist nicht die Lösung unserer vielfältigen Probleme.

HEILUNG VON VERLETZENDEN KOMMENTAREN UND REAKTIONEN AUS UNSERER UMGEBUNG

Wenn wir uns mit einem kinderlosen Paar unterhalten, platzen oft als erstes Kommentare aus ihnen heraus, die irgend jemand ihnen gegenüber geäußert hatte:

- „Mein Frauenarzt sagte mir, nachdem sich herausstellte, daß mein Mann zeugungsunfähig war: ‚Für Sie sollte es doch keine Schwierigkeit sein, an ein Kind heranzukommen.'"
- „Ich kann euch einen guten Tip geben. Ihr müßt euch nur entspannen, dann klappt's bestimmt. Ihr seht das Ganze viel zu verkrampft."
- „Ach, mit euch kann man ja darüber nicht sprechen. Ihr habt ja keine Kinder."
- „Seid ihr immer noch nicht schwanger? Wir erwarten nun unser drittes und hofften, daß es inzwischen auch bei euch geklappt hat. Wenn Kinder im gleichen Alter sind, können sie besser miteinander spielen."

Wie engagiert sie diese Zitate wiederholen, läßt die Tiefe der Verletzung deutlich werden.

Besonders von seiten der Familie, den erwartungsvollen zukünftigen Großeltern, fühlen sich viele Paare unter Druck gesetzt. Byron C. Calhoun schreibt: „Manche Familienmitglieder sind peinlich berührt, wenn das Thema der Kinderlosigkeit aufkommt. Sie versuchen stets die Schuld auf den angeheirateten Teil zu schieben. Es konnte ja unmöglich an ihrem Sohn oder ihrer Tochter liegen. Meine Familie wollte absolut sicher wissen, daß es an mir und meinem niedrigen Spermienbefund lag und daß bei Kathy keine Ursache zu finden war. Das ganze Problem der Unfruchtbarkeit war ihnen ein Rätsel. Sie schickten uns Bücher über Techniken des Geschlechtsverkehrs und Konzeptionsoptimums. Das war alles sehr interessant, aber leugnete unser Problem völlig.

Wie oft waren wir zu Familienfeiern eingeladen, in denen es ausschließlich um Familien und Kinder ging. Dieser Bereich war und blieb für Kathy sehr schwierig. Alle erwarteten, daß sie Kinder kriegen sollte. Aber sie bekam keine und fühlte sich sehr einsam und frustriert, wenn Verwandte und Freunde um sie herum erzählten, wie toll es war, eine Familie zu gründen und was ihre Kinder für besondere Genies seien. Kathy haßte es, an solchen Treffen teilzunehmen."[10]

Jedes kinderlose Paar kann hier seine eigene Leidensgeschichte einfügen. Gerade in Zeiten der depressiven Zustände und der Trauer reißen solche Reaktionen die Wunden erneut auf. Manche Bemerkungen können uns tiefer verletzt haben, als wir zunächst angenommen haben. Wie gehen wir nun damit um?

Wir können diese Verletzungen festhalten und allmählich hart und bitter werden. Wie verständlich ist diese Reaktion. Doch wir bestrafen damit nicht die anderen, sondern schaden nur uns selbst. Solche Bitterkeit wird man uns mit der Zeit abspüren können. Wir können aber auch den Entschluß fassen, Gott zu erlauben, uns von dem Schmerz dieser Verletzungen zu heilen.

Ich persönlich bin mit diesen Verletzungen folgendermaßen umgegangen: Es gab Situationen, in denen ich den Betreffenden mein Verletztsein mitteilen konnte. Im Gespräch und gemeinsamen Gebet konnte ich mit mir und dem anderen ins reine kommen. Meistens jedoch war dies nicht möglich. Da war es mir wichtig, vor Gott den Schmerz anzuschauen und zu formulieren. Manchmal hat mich das tief berührt, und ich begann zu weinen. Dabei merkte ich jedoch, daß sich der Knoten innerlich löste und ich mit Gottes Hilfe in der Lage war, dem anderen zu vergeben. Dadurch habe ich zwar seine Bemerkungen nicht vergessen, aber sie lösen keine negativen Gefühle mehr in mir aus.

Vergebung kann punktuell geschehen, ist jedoch oft auch ein Prozeß. Gott erwartet nicht von uns, daß wir alles über Nacht verarbeitet haben.

Vor einigen Wochen erzählte mir unser Missionsdirektor begeistert, daß eine seiner Töchter ihm nun bald sein neuntes Enkelkind bescheren würde. „Na ja", meinte er dann, „seid fruchtbar und mehret euch, steht ja schon in der Bibel." Ich erwiderte nur: „Ja, manche können es." Nun wurde ihm bewußt, was er gesagt hatte, und es war ihm peinlich.

Ich mußte daran denken, wie sehr mich eine solche Bemerkung vor Jahren aus der Bahn geworfen hätte. Jetzt empfand ich sie mir gegenüber zwar auch als unpassend, aber ich konnte sehen, daß dahinter keine böse Absicht stand. Wie oft platzt auch mir ein unpassender Kommentar heraus!

Gedankenanstöße

- Was haben einige Bemerkungen deiner Freunde oder Familie in dir ausgelöst? Es ist verständlich, wenn du Trauer und Wut verspürst. Steck diese Gefühle nicht einfach weg. Laß sie zu, und bringe sie zu Jesus! Er möchte, daß du Heilung deiner Verletzungen erfährst, denn er ist dafür gestorben. Bitte ihn, dich an den Punkt zu bringen, Vergebung auszusprechen. Das kann jedoch ein längerer Prozeß sein.
- Wenn dich bestimmte Aussagen immer wieder verfolgen, bleibe damit nicht allein, sondern nimm seelsorgerliche Hilfe in Anspruch.
- Versuche zu erkennen, was hinter der Reaktion der anderen steht. Manchmal ist es nur Unsicherheit dir gegenüber. Andere können sich außerdem nicht in die Situation eines kinderlosen Paares hineinversetzen und vergreifen sich deshalb in ihrer Wortwahl. Selten jedoch steckt dahinter böse Absicht.
- In Beziehungen, in denen du dich frei fühlst, reagiere offen, wenn dich etwas verletzt. Sag zum Beispiel: „Wenn du so etwas sagst, tut mir das weh." Du brauchst Mut, dies so sagen zu können, und es ist viel schwerer, als dich verletzt zurückzuziehen. Doch letztlich ist es eine Flucht nach vorne, die Beziehungen vertieft und stärkt. Daraus kann ein Gewinn für dich selbst entstehen.

HEILUNG UND STÄRKUNG
DER EHEBEZIEHUNG

Ich las einmal folgenden Satz: „Infertility will make or break your marriage"[11] zu deutsch: „Unfruchtbarkeit schweißt eure Ehe zusammen, oder sie zerstört sie." Eure Ehe ist während der Auseinandersetzung mit eurer Kinderlosigkeit einem enormen Druck ausgesetzt. Wie in jeder anderen Krise steckt in ihr das Potential zu Wachstum, aber auch zum Zerbruch.

Spätestens jetzt ist es für euch als Paar wichtig, einmal innezuhalten und euch gegenseitig die Frage zu stellen: „In welchen Bereichen habe ich dich während unserer Auseinandersetzung mit der Kinderlosigkeit verletzt? Erinnerst du dich an Situationen, in denen ich dir wehgetan habe? Was in meinem Verhalten hat dich unter Druck gesetzt?" Es geht hierbei nicht darum, dem anderen eins auszuwischen und ihm all seine Sünden vorzuhalten. Doch wo echte und tiefe Vergebung ausgesprochen und Heilung erfahren werden soll, muß vorher Raum sein, den Schmerz auszudrücken.

Aus unserer Erfahrung sind es immer wieder bestimmte Bereiche, in denen die Partner einander verletzen:

• Der Kinderwunsch ist unterschiedlich stark ausgeprägt. Während der eine Partner alles Menschenmögliche unternehmen möchte, um ein Baby zu bekommen, ist dem anderen schon jede unangenehme Untersuchung zuviel. Das kann der Auslöser zu verletzenden Worten sein, wie: „Dir ist es ja ganz egal, ob wir ein Kind bekommen oder nicht. Du gehst ja eh in deinem Beruf auf." Oder: „Gibt es eigentlich noch irgend etwas an mir, das dich erfreuen kann? Du bist ja nur noch auf ein Kind versessen!" und so weiter. Oft enden solche Situationen in

Zank und Streit. Beide Partner fühlen sich vom anderen nicht verstanden. Wenn dies über Jahre so geht, ohne daß einander vergeben und ein gemeinsamer Weg gefunden wird, baut sich langsam, aber sicher eine Mauer zwischen den Partnern auf, die nicht mehr so leicht einzureißen ist.

• Ein Partner übt während des zu erwartenden Eisprungs regelmäßig Druck zum Geschlechtsverkehr auf den anderen aus. Dieser fühlt sich benutzt und als Person unwichtig. Beim Mann kann dies zu Potenzschwierigkeiten führen, die ihn und sein Selbstbewußtsein erschüttern. Überhaupt erlebt jedes Paar die sich über Jahre hinziehende, terminorientierte Sexualität als sehr belastend. Der Sexualverkehr ist einzig auf das Ziel der Zeugung eines Kindes reduziert.

• Die Kinderlosigkeit wird nicht mehr gemeinsam getragen, sondern dem „schuldigen" Teil werden ausgesprochen oder unausgesprochen Vorwürfe gemacht. Fragen machen sich breit, ob man nicht doch mit einem anderen Partner glücklicher geworden wäre und eigene Kinder hätte haben können.

Ulli und Anke hatten gerade die dritte Fehlgeburt durchlitten, mit der Aussicht, vielleicht nie ein Kind austragen zu können. Ulli schreibt: „Anke stürzte in totale Depressionen und konnte zehn Tage am Stück nicht mehr schlafen. Sie war völlig am Ende ihrer Kräfte, als sie mir eröffnete, daß sie nicht mit nach Pakistan in die Mission gehen würde. Ich war total geschockt, und der Gedanke kam in mir auf: ‚Nun ist mein Leben ruiniert durch eine Frau, die ständig Fehlgeburten hat. Sie ist mir wie ein Klotz am Bein.' Das war wohl die bösartigste Versuchung in unserer Auseinandersetzung mit der Kinderlosigkeit."

Es kann hilfreich sein, wenn beide Partner die von

ihnen empfundenen Verletzungen auf ein Blatt Papier schreiben. Danach werden die Blätter ausgetauscht, und es wird darüber gesprochen. Es geht hierbei nur darum zu versuchen, den anderen besser zu verstehen und „in seine Haut zu schlüpfen". Es geht nicht darum zu entscheiden, ob die Reaktion oder empfundene Verletzung gerechtfertigt ist oder nicht. Es ist meist ein Lernprozeß, darüber zu reden und auch Vergebung auszusprechen.

Wenn Verletzungen sehr tief gehen und die Mauern um euch zu hoch sind, um sie alleine einzureißen, entschließt euch, Seelsorge oder fachliche Hilfe in Anspruch zu nehmen.

In Krisen werden in der Regel keine neuen Verhaltensmuster geschaffen, sondern die Muster, die bereits in uns vorhanden sind, treten – durch die Krise ausgelöst – deutlicher zutage. Deshalb ist es jetzt eure Chance, nicht einfach darüber hinwegzugehen, sondern genauer hinzuschauen, ob dieses oder jenes Verhalten, das in der Auseinandersetzung mit eurer Kinderlosigkeit aufgedeckt wurde, nicht auch generell ein störendes Verhaltensmuster in eurer Beziehung ist. Ein Beispiel aus unserer Ehe: Ich bin ein dominanter, ungeduldiger Typ. Wie oft hatte ich Wolfgang unter Druck gesetzt, als es darum ging, sich nun endlich untersuchen oder für sich beten zu lassen. Daß dies ein genereller Gefahrenpunkt in unserer Ehe ist, haben wir seitdem deutlicher sehen können. Wie oft habe ich Wolfgang überrollt, und seine besser durchdachte Alternative kam dadurch manchmal gar nicht zum Zug, was ich später öfter betrübt feststellen mußte.

Gedankenanstöße

- Teilt eure Verletzungen miteinander und seid bereit, euch gegenseitig zu vergeben.
- Investiert ganz neu in eure Beziehung: Nehmt an Eheseminaren teil, die bei den verschiedensten Organisationen angeboten werden. Dort werden Themen wie Kommunikation, Bewältigung von Verletzungen, faires Streiten, Sexualität etc. behandelt.
- Versucht eure sexuelle Beziehung neu zu beleben. Vielleicht ist es euch wichtig, erst mal den Geschlechtsverkehr ad acta zu legen und „nur" zärtlich miteinander zu sein, ein Bereich, der vielleicht in den letzten Jahren zu kurz kam, da es ja nur um das eine ging. Wie erlebtet ihr eure Sexualität, bevor der Frust der Kinderlosigkeit auf euch zukam? Könnt ihr da wieder anknüpfen?

Abschließend möchte ich nochmal auf die anfangs erwähnte Aussage des Radiosprechers zurückkommen. Nein, über deinem und meinem kinderlosen Leben steht nicht der Fluch, daß wir in Depressionen versinken oder daß unsere Ehe an dieser Krise zerbrechen muß.

In Psalm 147,3 heißt es, daß Gott unsere zerbrochenen Herzen heilen und unsere Wunden verbinden wird. Wenn wir Gott unsere Verletzungen aufdecken lassen und sie ihm hinhalten, verlieren sie ihre zerstörerische Kraft. Das geht nicht von heute auf morgen, sondern ist ein Prozeß, der oft wehtun kann. Aber Gott ist dabei an unserer Seite. Diese Tatsache begeistert mich immer wieder.

PHASE DER ZUVERSICHT

Die Phase der Trauer ist nicht abrupt beendet. Die meisten Paare sagen, daß der Schmerz nach und nach seine Intensität verliert. Es mag immer noch Zeiten tiefer Traurigkeit geben, aber du stellst erstaunt fest, daß du wieder lachen kannst und dem Leben positiv gegenüberstehst.

In dieser Phase geht es darum, nach vorne zu schauen und neue Perspektiven für dein Leben zu entdecken. Dazu möchte ich aus Jesaja 54,1-4 zitieren: „Juble, du Unfruchtbare, die nicht geboren hat, brich in Jubel aus und jauchze, die keine Wehen gehabt hat! Mache weit den Raum deines Zeltes, und deine Zeltdecken spanne aus. Spare nicht! Mache deine Seile lang, und deine Pflöcke stecke fest! Fürchte dich nicht, denn du wirst nicht zuschanden, und schäme dich nicht, denn du wirst nicht beschämt dastehen."

Diese Bibelverse sprach Jesaja dem Volk Israel zu. Sie erscheinen mir jedoch auch wie „Gedankenanstöße" Gottes speziell für diese Phase der Auseinandersetzung mit der Kinderlosigkeit.

Während deine Trauer noch abklingt, ist es nun an der Zeit, zu erforschen, wie du „den Raum deines Zeltes erweitern und deine Seile lang machen kannst". In dieser bildlichen Sprache lädt Gott dich ein, neues Land zu erobern und dich neuen Herausforderungen zu stellen. Nun könnt ihr als Paar gespannt neue Lebensperspektiven erforschen. „Herr, wozu hast du uns leibliche Kinder vorenthalten? Was hast du dir dabei gedacht? Was waren deine guten Gedanken dabei?" So könnte euer Gebet aussehen.

ADOPTION

Wohl jedes kinderlose Paar wird an den Punkt kommen, sich mit diesem Thema auseinanderzusetzen und sich die Frage zu stellen: Ist das der Weg, den Gott wählt, uns zu einer Familie werden zu lassen?

Spätestens jetzt ist der Begriff der Kinderlosigkeit verwirrend, denn mit drei adoptierten Kindern ist unsere Ehe zwar nach wie vor unfruchtbar, aber wir sind nicht mehr kinderlos.

Vorüberlegungen zur Adoption

Adoption kann nicht eine schnelle Therapie für unseren unerfüllten Kinderwunsch darstellen. Ein adoptiertes Kind ist kein adäquater „Ersatz" für das erwünschte leibliche. Das braucht es auch nicht zu sein, denn auch das adoptierte Kind ist einzigartig. Adoption ist ein wunderschöner „anderer" Weg, eine Familie zu gründen.

Wenn ihr euch fragt, ob die Adoption eines Kindes für euch an der Reihe ist, ist es hilfreich, sich wieder der Frage zuzuwenden, warum ihr euch eigentlich Kinder

114

wünscht. Wenn ihr euch nochmals die verschiedensten Beweggründe vor Augen führt, werdet ihr festellen, daß einige Aspekte bei einer Adoption erfüllt werden können, andere jedoch nicht. Es ist wichtig, vor sich, dem Partner und vor Gott ganz aufrichtig zu sein. Vielleicht kommt ihr dann zu dem Schluß, daß für euch eine Adoption nicht in Frage kommt.

Eine Frau drückte es so aus: „Für uns war das eigentliche Problem die Unfruchtbarkeit (das heißt, keine leiblichen Kinder haben zu können), nicht die Kinderlosigkeit an sich. Ich wollte nicht ein ungewolltes Kind einer anderen Frau."[12]

Wolfgang und ich wünschten uns zunächst leibliche Kinder. Während der ersten Zeit, als wir merkten, daß es mit dem Schwangerwerden nicht klappte, wies ich eine Adoption weit von mir. Ja, wir hatten zwar schon vor unserer Hochzeit in Erwägung gezogen, nach eigenen Kindern eventuell ein Kind zu adoptieren, aber das war etwas ganz anderes. Jetzt kam es mir vor, als würde ich mit einer Adoption die Hoffnung auf eine Schwangerschaft begraben, und dazu war ich noch nicht bereit. Das Verlangen nach einem leiblichen Kind war in mir zu groß.

Im Laufe der Verarbeitung unserer Unfruchtbarkeit wurde uns beiden jedoch mehr und mehr bewußt, daß wir außerdem sehr stark darunter litten, keine Familie zu sein. In dem gleichen Maße, wie wir unsere Unfruchtbarkeit akzeptierten und verarbeiteten, wurden wir offen für eine Adoption. Dazu zwei Tagebucheintragungen:

„In der letzten Zeit beschäftigen wir uns ernsthaft mit der Adoption eines nepalesischen Kindes. Als ich gestern meine Tage bekam, war der Schmerz eigentlich gar nicht so groß, sondern vielmehr war da der Gedanke: Gott will uns auf andere Weise ein Kind schenken. Dieser Gedanke war nicht traurig, sondern frohmachend. Nun beten Wolfgang und ich um weitere Klärung."

„Bei unserer letzten Wanderung durch die Berge Nepals sahen wir sehr viele verwahrloste Kinder. Was passiert mit all den Babys, die bei der Geburt ihre Mutter verlieren? Der Verlust der Muttermilch ist meist ihr Todesurteil. Herr, hältst du unser Nest frei, damit wir solchen Kindern ein Heim geben können?"

Wir begannen konkret für die Möglichkeit einer Adoption zu beten, besprachen unsere Gedanken und Fragen mit Freunden unseres Vertrauens und erkundigten uns, wie hier in Nepal der offizielle Adoptionsweg aussah.

Ganz anders erlebten Claudia und Hans-Georg Filker ihre Kinderlosigkeit. Es war ihnen nie so wichtig gewesen, die Ursache ihrer Unfruchtbarkeit herauszufinden. Sie adoptierten drei Kinder und bekamen dann nach elfjähriger Ehe ein leibliches Kind. Claudia schreibt: „Kinder sind eine Gabe Gottes. Wir sind ihnen zur Seite gestellt als verantwortliche Wegbegleiter. Bei einem leiblichen Kind setzt der Weg bei der Schwangerschaft ein. Bei einem Adoptivkind fehlt ein Stück gemeinsamer Geschichte. Leibliche und adoptierte Kinder – ohne Frage bleibt dies immer eine besondere Familienkonstellation.

Ganz sicher ist es ziemlich untypisch, daß – wie bei uns – Adoptivkinder Kinder der ersten Wahl sind. Natürlich ist es ‚normal‘, wenn Ehepaare, die sich Kinder wünschen, zunächst eine Schwangerschaft und Geburt als Wunschvorstellung haben. Jahre der Unfruchtbarkeit, des Schmerzes, der Wut und Trauer müssen meist durchlitten werden. Und doch kann am Ende das ganze Ja zu einem Adoptivkind stehen. Diese Ehepaare sollten und dürfen dazu stehen, daß ihr Adoptionswunsch die ‚zweite Wahl‘ ist. Sie würden sich emotional verbiegen, wenn sie zu diesem biographischen Weg nicht stehen würden.

Und doch bin ich davon überzeugt, daß so manches Paar seinen Weg zum Kind abkürzen könnte, wenn es gelänge, die totale Überhöhung von Schwangerschaft und Geburt und die gleichzeitige Hemmschwelle gegenüber der Aufnahme eines fremden Kindes aus einer kritischen Distanz zu durchblicken. Auch nach einer durchlebten Geburt und Schwangerschaft empfinde ich mein Mutter- und Frausein nicht als vollwertiger. Sicher war das gemeinsame Kreißsaalerlebnis mit meinem Mann etwas ganz Besonderes. Aber war nicht auch unser Weg zum Flughafen, um unsere Kinder abzuholen, ungeheuer spannend? Und dann dieser Moment, als sie an der Hand ihres Begleiters durch die Sperre kamen? Würde ich im Moment gefragt, was ich jetzt noch einmal erleben möchte, ich weiß es wirklich nicht."[13]

Während des Entscheidungsprozesses, ob wir adoptieren sollten oder nicht, überkamen mich immer wieder Zweifel und Ängste. Wie würde das Kind aussehen? Würde es intelligent sein? Hatte ich ein Ja dazu, mit farbigen Kindern immer aus der Menge hervorzutreten, ob ich es wollte oder nicht? Und was würde es für die Kinder bedeuten, später einmal in Deutschland zu leben?

Adoption, eine endgültige, unauflösbare Entscheidung – mir war bang davor. Sollten wir nicht doch die Finger davon lassen? War das Risiko nicht zu groß? Horrorstorys über adoptierte Kinder nährten diese Ängste noch. „Soundso adoptierte auch zwei Kinder. Beide waren von Anfang an schwierig. Später sind sie dann auf die schiefe Bahn geraten und machten den Eltern nur Kummer und Sorgen." Im Blick auf unsere geplante Adoption asiatischer Kinder bekamen wir einiges zu hören: „Wer weiß, was an wildem Blut in denen steckt!", „Ob die überhaupt normal intelligent sind und die Schule schaffen können?"

117

Es war wichtig, mich meinen Ängsten zu stellen und dennoch einen gewissen Abstand zu gewinnen, um rationale Antworten darauf zu finden. Wieviele Familien kannte ich, die genau die gleichen Schwierigkeiten mit leiblichen Kindern hatten. Würde ich bei einem leiblichen Kind für mein Erbgut garantieren können? Und glaubten wir nicht daran, daß Gott genau das Kind zu uns führen würde, das er in unsere Familie stellen wollte? Wenn er einstmals das gute Werk beginnen würde, würde er uns dann nicht auch in allen guten und schweren Phasen der Erziehung beistehen?

Ein Gebet des Mose betete ich regelmäßig: „Wenn dein Angesicht nicht mitgeht, dann führe uns nicht von hier hinauf." (2. Mose 33,15)

Gerade als wir später sehr lange warten mußten, bis wir Kristine, unsere erste Tochter, adoptieren konnten, und wenn sich Möglichkeiten, die zunächst hoffnungsvoll aussahen, zerschlugen, war dieser Vers mein Trost. Wenn es nicht Gottes Kind für unsere Familie war, dann wollte ich lieber noch länger warten, als etwas zu erzwingen. So zog im Hinblick auf unsere geplante Adoption nach und nach Zuversicht in mein Herz.

Die Adoptionsprozedur

Bemerkungen wie: „Ach, ihr habt adoptiert! Ihr habt auf dem leichten Weg eure Kinder bekommen", verkennen völlig die Tatsache, daß es in den meisten Fällen enorme emotionale Kraft kostet, den langen Weg bis zu einer Adoption durchzustehen. Wenn ihr zu dem Entschluß gekommen seid: Ja, wir wollen adoptieren, liegt ein langer, hürdenreicher Weg vor euch.

In Deutschland wird das Jugendamt zunächst in Form

von Einzelgesprächen und Seminaren folgende Fragen klären: Was für eine Motivation steckt hinter dem Antrag zur Adoption? Wie war die eigene Kindheit? Welche Veränderungen bringt die Aufnahme eines Adoptivkindes mit sich? Was hat dies für Auswirkungen für den Adoptivvater/die Adoptivmutter? Wie sieht das Umfeld der Adoptivfamilie die Aufnahme eines Adoptivkindes? Wie ist die Einstellung zur eigenen Kinderlosigkeit? Auch Papiere, wie ein ärztliches Attest, polizeiliches Führungszeugnis und eine Verdienstbescheinigung müssen eingereicht werden.

Darüberhinaus spielt das Alter der Eltern eine Rolle und soll das „normaler" Eltern nicht wesentlich überschreiten. Von daher ist es wichtig, sich rechtzeitig mit der Frage einer Adoption auseinanderzusetzen.

Das Jugendamt versucht außerdem durch Informationsveranstaltungen die werdenden Adoptiveltern auf ihre besondere Aufgabe vorzubereiten und sie zu beraten. Es ist übrigens möglich, sich bei mehreren Ämtern um eine Adoption zu bewerben.

Die Chancen, in Deutschland ein Baby adoptieren zu können, sind leider gering und mit jahrelangem Warten verbunden. Was für eine Adoption kommt für euch überhaupt in Frage? Darf es nur ein Baby sein? Wärt ihr auch bereit, ein älteres oder behindertes Kind zu adoptieren? Wenn sich der Weg zur Adoption nicht öffnet, könntet ihr euch vorstellen, ein Pflegekind aufzunehmen? Würdet ihr ein Kind aus einem anderen Land, mit einer anderen Hautfarbe adoptieren?

Bringt all diese Fragen beständig vor Gott, und fragt nach seiner Weisung. Aber genauso unerläßlich ist es, gut zu durchdenken, was ihr euch als Ehepaar vorstellen könnt. Welche Ängste kommen im Blick auf eine Adoption in euch auf?

Wolfgang und ich besorgten alle benötigten Unterlagen, die von der Adoptionsvermittlungsstelle in Nepal gefordert wurden, und reichten sie ausgefüllt ein. Als wir wenige Wochen später die Nachricht erhielten, daß wir als Adoptionseltern akzeptiert seien, hatte ich fast das Empfinden, als wäre ich schwanger. Nun konnte es ernst werden.

Aber es sollte eine lange „Schwangerschaft" werden. Monat für Monat verging, doch die Adoptionsstelle meldete sich nicht. Irgendwann hörten wir, daß wir an oberster Stelle auf der Warteliste standen, aber auch das änderte nichts. Ob man auf Bestechungsgelder wartete, wie es hier in Nepal leider üblich ist? Diese Möglichkeit hatten wir von Anfang an von uns gewiesen. Nein, Gott war nicht auf so krumme Touren angewiesen. Endlich gab man uns grünes Licht, selber nach einem Kind Ausschau zu halten. Doch auch in den darauf folgenden Monaten ergab sich nichts.

Des Wartens müde, emotional am Ende unserer Kräfte, planten wir einen Urlaub. Wir wollten irgend etwas Verrücktes machen, vielleicht eine Kameltour durch die Wüste Rajasthans in Indien, eben eine Reise, die man nur ohne Kinder unternehmen konnte. Allein die Planung gab uns schon inneren Auftrieb. Aber dann meinte Wolfgang plötzlich inmitten der ganzen Planerei, daß er keine innere Ruhe wegen dieses Urlaubs habe. Ich konnte damit überhaupt nichts anfangen; uns stand der Urlaub zu, wir hatten das Geld dafür und waren absolut urlaubsreif, warum also nicht? Immer wieder konnte ich seine Bedenken zerstreuen, bis wir dann einen Tag, bevor ich für mehrere Tage nach Kathmandu fahren wollte, um alle Zugverbindungen für Indien zu reservieren, alles absagten. Warum? – Wir wußten es nicht.

Nun ja, mein Mann hatte keinen Frieden über der

Sache – darum! Noch immer ziemlich sauer las ich am nächsten Morgen in der Bibel und kam an Psalm 37. Als ich Vers 3 las, mußte ich lachen: „Bleibe im Lande und nähre dich redlich." Beim nächsten Vers schon aber kamen mir die Tränen: „Habe deine Lust am Herrn, der wird dir geben, was dein Herz wünscht." Was wünschte sich mein Herz so sehnlich!?

Einen Tag später fuhr ich mit dem Motorrad zur Missionszentrale in Pokhara. Wir hatten uns nun doch entschlossen, wenigstens vom kommenden Wochenende an in Kathmandu eine Woche Urlaub zu machen. Dazu wollte ich uns telefonisch anmelden. Dort angekommen (auch wir wohnten damals in Pokhara) sah ich auf der Veranda mir unbekannte Ausländer sitzen – wohl Touristen, dachte ich. Da ich deutsche Worte aufschnappte, setzte ich mich zu ihnen. Eine junge Frau, die mit ihrem Mann im Rahmen des Deutschen Entwicklungsdienstes in Kathmandu arbeitete, war mit ihrem kleinen Sohn und ihren Schwiegereltern nach Pokhara gekommen und zeigte ihnen unsere Missionszentrale. Auf ihrem Arm hielt sie ein kleines nepalesisches Baby.

Im Gespräch stellte sich heraus, daß sie vor zwei Monaten das kleine Mädchen direkt nach seiner Geburt aus einer Notlage heraus zu sich genommen hatten. Mehrere Versuche, das Kind bei der offiziellen Adoptionsstelle abzugeben, waren fehlgeschlagen. Nun beteten ihre Heimatgemeinde in Deutschland, die internationale Gemeinde in Kathmandu und sie selbst darum, die rechten Adoptiveltern für das Baby zu finden.

Ich nahm den Winzling vorsichtig und zitternd auf den Arm und kann meine Empfindungen kaum beschreiben. Auf der Stelle verliebte ich mich in den kleinen Schatz, doch es dauerte lange, bis ich irgendwelche Worte fand und ihnen unsere Situation beschreiben konnte. Sie meinten daraufhin, daß wir doch möglichst in der folgenden Woche nach Kathmandu kommen sollten, was wir ja sowieso schon fest vorhatten.

Nach Hause zurückgekehrt, überschüttete ich Wolfgang aufgeregt mit dem Erlebten, und wir beide waren uns sicher: Das alles, die Sache mit dem Urlaub, der Bibelvers, der Zeitpunkt des Treffens in unserer Missionszentrale, deren Zustandekommen eine Angelegenheit von Minuten war ... das alles war kein Zufall. – Das war Gottes Kind für uns!

Welche Freude war es, als die Adoptionsstelle dem Fall nach eingehender Prüfung zustimmte und wir unsere erste Tochter bei unseren deutschen Freunden abholen konnten.

Auf einmal waren wir eine Familie. Sechs Jahre ungewollter Kinderlosigkeit lagen hinter uns. Jetzt war da ein kleiner Mensch, der versorgt und geliebt werden wollte.

Wolfgang und ich schwebten wie auf Wolken. Kurz nachdem Kristine zu uns gekommen war, fand ein Kindersegnungsgottesdienst in unserer Mission statt. Fünf Mütter kamen mit ihren Babys nach vorne. Ich war mit Kristine dabei. Als ich da inmitten der Mütterschar stand, dachte ich, daß dies nur ein Traum sein konnte. Gleich würde ich erwachen. Oder es war ein Alptraum, ich wachte gleich auf und stand da vorne, ohne ein Kind, und alle lachten mich aus. Irgendwie konnte ich es nicht fassen, daß wir nun wirklich ein Kind hatten. Es war so unwirklich, wie in einem Traum.

In den nächsten vier Jahren waren wir in der Lage, zwei weitere Kinder zu adoptieren. Auch sie haben eine besondere Geschichte, wie sie zu uns in die Familie kamen. Die Adoptionsverfahren waren bei den beiden Kleinen über Monate hinweg nervenaufreibend und zermürbend. Wie oft fühlten wir uns der Willkür der Behörden ausgesetzt, und welche Ängste standen wir um unsere Kinder aus, bis wir endlich den nepalesischen Adoptionsbeschluß in den Händen hielten. In unserem Fall, wie wohl bei den meisten Auslandsadoptionen, mußte dann noch das deutsche Adoptionsverfahren voll durchlaufen werden.

Und dennoch sagen wir mit vollem Herzen, daß sich die Mühe, Tränen und Ängste gelohnt haben. Wir würden es immer wieder genauso machen. Wir fühlen uns reich beschenkt.

Vielleicht brennt dir nun die Frage auf der Seele, ob durch unsere drei adoptierten Kinder die Wunde der Unfruchtbarkeit völlig geheilt ist.

Heilung der Unfruchtbarkeit durch Adoption?

Wolfgang möchte zuerst auf diese Frage antworten: „Wenn ich abends von der Arbeit nach Hause komme, mir sechs Arme entgegenfliegen, ich gar nicht weiß, wen ich zuerst auf den Arm nehmen soll, ein aufgeregtes: ‚Papa, Papa, ich muß dir was erzählen ...' höre, dann durchströmt mich ein tiefes Glücksgefühl. Was sind unsere drei Kinder für Schätze! Sie haben unser Leben beschenkt und reich gemacht. Gerade weil wir jahrelang auf sie gewartet haben, sind sie uns so wertvoll. Ja, ich kann sagen, daß in mir keine Trauer mehr ist, kein leibliches Kind zu haben. Ich kann mir gar nicht vorstellen, ein leibliches Kind mehr zu lieben als meine drei adoptierten."

Hans-Joachim beschreibt dies ähnlich: „Vom ersten Tag an, als die sechsmonatige Judith zu uns kam, konnte ich mir als Vater eine Beziehung zu einer leiblichen Tochter gar nicht enger vorstellen – hatten wir doch für dieses Kind über Jahre gebetet, gehofft und gekämpft. Für mich war es gerade die biologische Begrenzung, die das Besondere an diesem anvertrauten Geschenk noch unterstrich! Es war ein Zeichen von Gottes liebevoller Zuwendung, daß er trotz menschlicher Unmöglichkeit dieses Kind in unsere Ehe führte. Das empfinde ich immer wieder, und diese Dankbarkeit und Freude geht bei mir sehr tief."

Viele Adoptivväter empfinden ebenso eine völlige Heilung des entstandenen Schmerzes aus der Unfruchtbarkeit durch ihre adoptierten Kinder. Es gibt aber auch diejenigen, die nach wie vor einen gewissen Mangel empfinden, kein „eigen Fleisch und Blut" zu haben.

Wie die meisten Mütter jedoch würde ich auf die oben genannte Frage mit einem großen Ja, aber auch einem kleinen Nein antworten.

Ja, ich schließe mich Wolfgangs begeisterter Beschreibung von unseren Kindern an. Seit einigen Jahren ist für mich das Eintreten meiner Periode auch nur noch ein reines Faktum und nicht mehr mit Trauer verbunden. Ich kann mit Psalm 16,6 sagen: „Die Meßschnüre sind mir gefallen auf liebliches Land, ja, mein Erbteil gefällt mir." Und dennoch, ich würde auch Nein auf diese Frage antworten. Auch nach den Adoptionen kommt von Zeit zu Zeit Traurigkeit auf.

Wenn unsere Kristine vor mir steht und mich fragt: „Mama, warum bin ich nicht in deinem Bauch gewachsen?", dann löst das in mir Traurigkeit aus. Ich möchte keins meiner adoptierten Kinder gegen ein leibliches eintauschen, aber in mir ist manchmal der Wunsch, sie wären meine leiblichen.

Oder wenn Katharina sagt: „Mama, du bist ja eigentlich nicht meine richtige Mama. Die ist ja gestorben", tut mir eine solche Aussage erst mal weh und erinnert mich

Unsere drei Adoptivkinder:
Kristine (7), Katharina (5) und Johannes (3).

schmerzlich an die Tatsache, daß ich nicht ihre leibliche Mutter bin. Hier verletzt zu reagieren wäre vollkommen fehl am Platz. Es würde ihr Schuldgefühle vermitteln, und sie würde demnächst derlei Empfindungen für sich behalten.

Hans-Joachim schreibt: „Über lange Zeit konnte ich Dorothee nicht verstehen. Hatten wir doch zwei wunderbare Kinder adoptieren können, wie konnte sie immer noch der Schmerz überkommen, keine leiblichen Kinder zu haben? Erst in der Begegnung mit anderen unfruchtbaren Paaren konnte ich sehen, daß sie als Frau anders empfand und etwas vermißte, was ich nie vermissen würde und konnte: körperliche Mutterschaft. Seitdem kann sie ihrem Schmerz offen Ausdruck verleihen, ohne das Gefühl zu haben, von mir verurteilt zu werden."

Ja, durch unsere Adoptionen ist viel Heilung in uns geschehen. Doch wie das Beispiel von Katharina zeigt, ist es auch unerläßlich, die eigene Unfruchtbarkeit angenommen zu haben, um sich den besonderen Herausforderungen stellen zu können, die die Erziehung von Adoptivkindern mit sich bringt.

Gedankenanstöße

- Könnt ihr euch als Paar vorstellen, ein Kind zu adoptieren? Warum ja, warum nein?
- Versucht zu einer Familie Kontakt aufzunehmen, die nach Jahren der Kinderlosigkeit Kinder adoptiert hat. Im Gespräch mit ihnen können sich Fragen und Ängste klären.
- Welche konkreten Schritte könnt ihr in Richtung Adoption unternehmen?

FAMILIE ZU ZWEIT

Es gibt die verschiedensten Gründe, um als Paar zu zweit zu bleiben. Einige Paare empfinden ganze Erfüllung in ihren Berufen, anderen sind Kinder nicht so wichtig. Wieder andere fühlen sich in einen besonderen Dienst gerufen, für den es von Vorteil ist, kinderlos zu sein.

Viel schwerer ist es, kinderlos zu bleiben, wenn man eigentlich gerne Kinder adoptieren möchte, sich die Türen aber (noch) nicht geöffnet haben.

Mir gefällt der Begriff „kinderloses Ehepaar" nicht, denn so wird dieses Paar mit einem negativen Attribut definiert, nämlich keine Kinder zu haben. Der Begriff „Familie zu zweit" von Debra Bridwell ist dagegen positiv und in sich abgeschlossen.[14]

Jahrelang ist es euer Ziel gewesen, Kinder zu bekommen. Wieviel Zeit und Energie habt ihr dafür investiert. Dann erfüllte euch die Trauer darüber nach menschlichem Ermessen nie Nachwuchs haben zu können. Alle eure Lebensbereiche waren in Mitleidenschaft gezogen. So geht es jetzt in dieser Phase darum, daß ihr das Leben wieder neu entdeckt und gestaltet.

Neue Ziele entdecken

Wie könnt ihr als Paar, dem auf Seite 113 zitierten Bibelvers gemäß den Raum eures Zeltes weit und eure Seile lang machen? Überlegt einmal, was euer Leben beglückt hat, bevor ihr euch Kinder wünschtet. Was machte damals das Leben lebenswert? Was machte euch Spaß? Könnt ihr da wieder anknüpfen? Hast du einen langgehegten Wunsch in deinem Herzen? Vielleicht würdest du gerne ein Musikinstrument spielen, hattest aber nie die Möglichkeit, dies als Kind zu erlernen. Jetzt ist die Gelegenheit, damit zu beginnen.

Betrachtet euer Leben aus einer kritischen Distanz, analysiert es und überlegt, ob ihr damit zufrieden seid oder ob ihr etwas ändern möchtet. Der geplante Hausbau in der Neubaugegend, wo ihr von lauter jungen Familien umgeben wäret, entspricht der immer noch euren Vorstellungen?

Manche Frauen lieben ihren Beruf sehr und finden in ihm Erfüllung. Andere wünschen sich schon deshalb ein Kind, um endlich einen legitimen Grund zu haben, nicht mehr arbeiten zu müssen. Macht dir dein Beruf Freude? Wenn nein, was würdest du gerne statt dessen tun? Welche Möglichkeiten hast du umzuschulen?

Bewege dein Leben neu vor Gott. Welche Pläne hat er für dein Leben? Welche Begabungen hat er dir gegeben, die du gebrauchen kannst? An welcher Stelle kannst du sie in der Gemeinde einsetzen? Was steckt in dir, das darauf wartet, entfaltet zu werden?

Kindern erneut in seinem Leben Raum geben

Während der Auseinandersetzung mit eurer Kinderlosigkeit war es womöglich an manchen Stellen ratsam, dich von Kindern zurückzuziehen. Der Schmerz, den eine Begegnung auslöste, war einfach zu groß. Auf lange Sicht ist es jedoch keine Lösung, allen werdenden Müttern oder Familien aus dem Weg zu gehen. Wenn du so reagierst, isolierst du dich, denn nach und nach fallen die meisten deiner Freunde in eine der Kategorien, die du so meiden müßtest. Die Welt besteht nun mal auch aus

Kindern, und sie können für dich eine Bereicherung sein, wenn du es lernen kannst, sie zu genießen, obwohl es nicht deine eigenen sind.

In meinem Leben spielte eine zunächst ledige und später kinderlose Tante eine große Rolle. Ich liebte und verehrte sie als Kind, und auch jetzt noch ist sie mir eine besondere Vertrauensperson. Kannst du dir vorstellen, so an der Seite eines Kindes zu sein, in es zu investieren, es zu lieben, auch wenn es nicht dein Kind ist?

Die positiven Seiten der Kinderlosigkeit sehen

Es geht nun nicht um die Verkehrung der Wahrheit, so à la: Wir sind ja froh, keine Kinder bekommen zu haben, sondern: Wir hätten gerne Kinder gehabt, aber nun machen wir das Beste daraus, keine zu haben.

Ihr könnt als Paar viel spontaner leben, als es mit Kindern möglich ist, braucht nicht erst einen Babysitter zu organisieren, wenn ihr plötzlich die Lust verspürt, eine Pizza essen oder ins Kino zu gehen. Ihr seid finanziell unabhängiger als Familien mit Kindern. Wenn du in deinem Beruf Karriere machen möchtest und dies zeitaufwendig ist, bist du ohne Kinder auch dazu freier. Versuche die Vorteile einer Familie zu zweit bewußt wahrzunehmen und zu nutzen.

Ich kenne einige Paare, die gemeinsam einen bestimmten Dienst in Gemeinde oder Mission ausüben. Während sich Eltern von Kindern kostbare Stunden zu zweit erkämpfen müssen, ist es ihr Vorrecht, ständig am Leben und an der Arbeit des anderen teilzunehmen.

Joanna Müller sagt: „Unsere Kinderlosigkeit beurteile ich nun als großen Segen. Gott ließ mich manches erleben, was mit Kindern nicht möglich gewesen wäre. Mir scheint, die Erfüllung einer Frau beruht letztlich nicht in ihrer Fruchtbarkeit, sondern in ihrer Hingabe."[15]

Dankbar sein für den Partner

Wir leben nun seit zehn Jahren in Nepal und haben schon in den entlegensten Gebieten gewohnt. Wieviele Herausforderungen kamen manchmal auf uns zu und dennoch ... ich war nie allein! Meinen besten irdischen Freund hatte ich immer dabei: Wolfgang! Welch ein Schatz ist es, einen lebenslangen Freund zu haben, und welche Geborgenheit gab es mir inmitten so vieler Veränderungen in unserem Leben. Gerade in den acht kinderlosen Ehejahren machte mich dieses Wissen immer wieder dankbar.

Die Ehe, eine verbindliche, lebenslange Zweierschaft, erhält nicht erst mit einem Kind seinen Sinn, sondern ist an sich ein Geschenk Gottes.

Konstruktiver Umgang mit Selbstmitleid

Wenn die Phase der Trauer abgeklungen ist, wird dann nie wieder Schmerz aufkommen? – Ich habe noch kein Paar getroffen, das dies so hätte sagen können. Nein, von Zeit zu Zeit kann Schmerz aufkommen, egal ob man Kinder adoptiert hat oder nicht.

Ich denke, unfruchtbar zu sein ist mit einer Behinderung vergleichbar. Auch nachdem man gelernt hat, mit einer Behinderung zu leben, gibt es immer wieder Situationen, in denen einem die Behinderung schmerzlich bewußt wird.

Die Auslöser dafür können ganz verschieden sein: Der

Anblick einer glücklichen Familie, einer schwangeren Frau und so weiter. Aber dieser Schmerz muß nicht mehr alles bestimmend sein und dein Leben lahmlegen. Eine ältere Frau meinte in diesem Zusammenhang, daß sie erneut Trauer verspürte, als sie in die Wechseljahre kam. Als um sie herum die Bekannten und Freunde Enkelkinder bekamen, wurden ihr schmerzlich die Spätfolgen ihrer Kinderlosigkeit bewußt.

Auch Weihnachten und Muttertag sind Zeiten, die potentiell schwierig bleiben können. Es ist hilfreich, sich vorher zu überlegen, wie man diese Tage schön und anders gestalten kann.

Habe acht auf dich, wenn der Schmerz mehr und mehr in Selbstmitleid übergeht. Es kann ein Teufelskreis werden, der dich runterzieht. Lerne in solchen Zeiten, dich selbst zu verwöhnen und gut zu dir zu sein. Gönne dir etwas, was dir Freude macht. Wende dich erneut dem zu, was deinem Leben Farbe gibt.

Vreni und Dieter fassen die oben genannten Punkte in ihrem Bericht zusammen:

„Erfülltes Leben ohne Kinder? – Elternschaft war die selbstverständlichste Erwartung für uns am Anfang unserer Ehe.

Als sich nach einem Jahr mit Kinderwunsch keine Schwangerschaft einstellte, fragten wir uns: Was tun, wenn sich nichts tut? Hoffen, warten, beten und ärztliche Untersuchungen mischten sich in unserem Herzen mit der Ahnung, daß unter dem Strich als Resultat stehen könnte: Berufung zur Kinderlosigkeit. Die ersten sieben Jahre unserer Ehe waren von diesem Auf und Ab, von Erwarten und Sich-abfinden geprägt.

Als ich Vreni in einer schmerzerfüllten Nacht in die Notaufnahme bringen mußte und die Diagnose „geplatzte Eileiterschwangerschaft" hieß, wurde die Hoffnungstür, die schon fast geschlossen war, nochmals kurz aufgerissen, um dann endgültig ins Schloß zu fallen. Nach der Operation war jede Schwangerschaft undenkbar!

Der Prozeß des Sich-abfindens, des Ja-sagens zur Kinderlosigkeit war zu diesem Zeitpunkt für uns weitgehend abgeschlossen. Die Frage nach Pflegeelternschaft oder Adoption kam zwar ab und zu auf, war aber eigentlich nie eine wirklich aktuelle Frage.

Wenn uns eigene Kinder versagt blieben, so wollten wir offen sein für eine Führung Gottes, die wir im Alleingang als Ehepaar besser gestalten konnten. Als Hauptamtliche im Reich Gottes – wir leiteten sieben Jahre lang eine Gemeinde – konnten wir beide unsere Zeit und Kraft voll investieren. Eine spezielle Berufung zum Aufbau einer landesweiten Kinderarbeit und Mitarbeiterschulung unserer Denomination war für uns eine Bestätigung, daß Gott uns Kinder nicht vorenthalten wollte, sondern sie uns schwangerschaftsfrei zu Hunderten schenkte. Auch unsere Patenkinder waren da eine ‚flankierende Maßnahme Gottes‘.

Wir erlebten dies aber alles nicht als Ersatz oder als Sublimation. Neben Augenblicken, wo das ‚Es wäre halt schön gewesen, wenn wir auch Kinder hätten‘ durchbrach, konnten wir mit einem inneren Ja zur Kinderlosigkeit unseren Weg gehen. Gott hat uns in unserem Miteinander als Eheleute reich beschenkt.

Manches, was wir persönlich tun und erleben konnten, und vieles im gemeinsamen Dienst wäre mit Kindern nicht möglich gewesen. Wir betrachten es als heilendes Handeln Gottes in unserem Leben, daß wir nicht immer wieder dieses ‚Wenn – dann‘ sprechen mußten und müssen: Wenn wir Kinder hätten, dann ...!

Wir möchten es als Dank an Gott aussprechen, aber

auch zur Ermutigung für Ehepaare, die noch nicht ‚über den Berg' sind: In unserem Herz empfinden wir keinen Schmerz mehr, wenn wir das Elternglück anderer sehen. Wir können uns aufrichtig freuen an den Kindern anderer, sie liebhaben und segnen. Gott hat immer wieder unseren Mangel gestillt, und wir vertrauen ihm, daß er es auch in den Augenblicken tut, wo wir das Fehlen eigener Kinder (und Enkelkinder) als Verlust empfinden."

Gedankenanstöße

- Versucht euer Leben aus Gottes Perspektive zu sehen. Was könnten seine Absichten sein, euch zu zweit zu lassen? Welche Worte hat Gott im Laufe der letzten Jahre in euer Leben gesprochen? Oft sind diese Worte wie Puzzleteile, die nach und nach ein klares Bild ergeben.
- Setzt euch als Paar neue Ziele für euer Leben. Welchen Herzenswunsch wollt ihr euch erfüllen?

EPILOG

Vor einigen Tagen feierte ich meinen Geburtstag. Wolfgang war unterwegs, und ich lud vier Freundinnen ein. Es war eine bunte Mischung von Hautfarben und Sprachen. Während die Kerzen brannten und der Käse auf dem Raclettegerät vor sich hin brutzelte, philosophierten wir über unser Leben. Erstaunt stellten wir fest, daß es bei jeder etwas gab, das manchmal Schmerz und Kummer hervorrief.

Laura ist ledig, und obwohl sie insgesamt ihr Ledigsein bejaht, überkommt sie manchmal die Sehnsucht nach einem Partner. Anandi hat zwei Jungen, und es war immer ihr Herzenswunsch, eine Tochter zu haben. Umgekehrt hat Susan drei Mädchen und muß sich in diesem Land, in dem Söhne viel mehr wert sind, so einiges anhören. Barbara wartet nun schon zwei Jahre vergebens darauf, wieder schwanger zu werden.

Natürlich könnte man sagen, daß das eine Manko nicht so groß sei wie das andere. Schmerz läßt sich jedoch nicht objektiv messen und in eine Größenskala einteilen. Leid wird immer subjektiv erlebt. Die Herausforderung des Lebens ist nicht, irgendeinen Idealzustand zu erreichen oder dem so nah wie möglich zu kommen, sondern das Beste aus den Umständen zu machen, in denen wir leben. Römer 8,28 fällt mir erneut dazu ein. „Wir wissen aber, daß denen, die Gott lieben, alle Dinge zum Guten mitwirken." Das ist ein Glaubensbekenntnis, und daran können wir uns in dunklen Zeiten festklammern. Da wo ich Gott mein Leben hinhalte, wie auch immer es aussieht, und ihn liebe, muß es mir zum Guten mitwirken.

Welche Menschen haben auf mich einen tiefen Eindruck hinterlassen? – Das waren selten die, bei denen alles nach Plan und optimal lief. Vielmehr waren es Leute, die durch Krisen gegangen waren. Gerade in diesen Zeiten erwuchs, oft unter Schmerzen, eine wunderschöne Frucht in ihrem Leben, die für andere sichtbar wurde: Weisheit und Tiefgang. Automatisch fühlte ich mich zu ihnen hingezogen, und in mir wuchs der Wunsch, daß eben diese Frucht auch in meinem Leben wächst.

Zerbrochene Träume ... Ja, Träume sind in meinem Leben zerbrochen: Der Wunsch nach einem leiblichen Kind, mein ehemaliges Selbstbild, manche Vorstellung von Gott. Doch das eigenartige ist, daß mir diese angeblichen Niederlagen zum Gewinn geworden sind. Mein Leben hat an Tiefe und Schönheit gewonnen.

„Kinderlosigkeit wird in der guten Hand Gottes zu einer Möglichkeit und Chance", las ich in einem Brief, der mich in den letzten Tagen erreichte. Es ist mein Gebet, daß du diese Möglichkeiten und Chancen in deinem Leben entdeckst.

FÜR NICHTBETROFFENE

Uns ist oft die Frage gestellt worden: „Wie kann ich unseren kinderlosen Freunden in ihrer Not beistehen? Ich bin da so verunsichert und weiß nicht, wie ich mich verhalten soll. Gibt es Dinge, die ich vermeiden sollte? Was kann ich tun?"

So möchte ich dieses Nachwort an diejenigen richten, die an der Seite eines kinderlosen Paares sind, seien es Freunde oder Angehörige.

Beim Lesen dieses Buches hast du bereits einen Einblick in die ganze Thematik gewonnen. Du hast gesehen, daß jedes Paar unterschiedlich auf die Kinderlosigkeit reagiert und vor allem, daß es unterschiedliche Phasen in ihrer Verarbeitung gibt.

▷ Sei ein treuer Freund. In Sprüche 17,17 heißt es: „Ein Freund liebt zu jeder Zeit."

Ich schrieb in mein Tagebuch: „Manchmal denke ich, es bringt gar nichts, anderen gegenüber offen zu sein. Am Anfang haben sie Mitleid, aber nach einigen Monaten ziehen sie sich zurück, und ich habe das Empfinden, meine Offenheit ist ihnen nur unangenehm und peinlich. Bei mir kommt dann die Haltung an: ‚Irgendwann muß

Birgit das doch wohl endlich gepackt haben.' Oder: ‚Wir können ihr auch nicht mehr helfen.'"

Mache dich frei von dem Anspruch, Antworten parat haben und „erfolgreich" helfen zu müssen. Das kannst und mußt du gar nicht. Sei auch zurückhaltend mit Ratschlägen und frommen Sprüchen. Bleibe einfach an der Seite deiner Freunde, und gib ihnen Gelegenheit, Raum, ihren Gefühlen und Frustrationen unsortiert Ausdruck verleihen zu können. Hab einen langen Atem! Dieser Trauerprozeß, in dem sich deine Freunde befinden, dauert Jahre. Signalisiere ihnen dein Mitgefühl, zum Beispiel indem du folgendes sagst:

- „Ich habe keine Ahnung, wie du dich fühlst. Ich wurde noch nie mit dieser Not konfrontiert. Möchtest du mir sagen, wie es dir geht?"
- „Weißt du, ich habe auch keine Antwort auf die Frage, warum ihr keine Kinder kriegt. Es tut mir so leid."
- „Kann ich dir irgendwie helfen?"

Laß sie wissen, daß sie dir auch ohne Nachwuchs wertvoll sind. Besonders für Angehörige kann dies ein nicht leichter Schritt sein, denn wie sehr hatten auch sie sich Enkelkinder oder Nichten und Neffen gewünscht.

▷ Bete für deine Freunde.
Wenn du ihnen zusagst, für sie zu beten, sei treu darin. Bete auch gemeinsam mit ihnen. Gerade in Zeiten, in denen es um sie herum nur dunkel ist und sie selber nicht beten können, nimm sie mit in die Gegenwart Gottes. Laß sie hören, daß du für sie um Gottes Trost und Beistand bittest.

▷ Falls ihr selbst Familie habt, verhaltet euch sensibel euren Freunden gegenüber. Fragt sie, wie intensiv sie eure Kinder genießen wollen oder verkraften können. Trefft euch von Zeit zu Zeit auch mal ohne die Kinder, und unterhaltet euch nicht nur über ihre letzten Abenteuer und Erfolge. Als werdende Mutter oder Mutter von kleinen Kindern sei besonders empfindsam in dem, was du sagst. Es ist ein schmaler Grat, auf der einen Seite nicht unnatürlich zu sein – denn dein Baby ist nun mal ein wichtiger Bestandteil deines Lebens –, und dennoch auf der anderen Seite nicht unnötig Wunden bei deiner Freundin aufzureißen. Es kann hilfreich sein, deiner Verunsicherung Ausdruck zu verleihen: „Ich freue mich so auf mein Baby, aber ich will dir nicht weh tun. Kannst du es mir sagen, wenn ich dich verletze?" Auf solch eine Bemerkung hin hat deine Freundin die Möglichkeit, ehrlich zu antworten.

▷ Sei tolerant und akzeptiere die persönlichen Entscheidungen deiner kinderlosen Freunde. Sei vorsichtig mit der Beurteilung, welche Behandlungsmethoden deiner Meinung nach ethisch vertretbar sind. Setze dich ausführlich mit der Sache auseinander, bevor du dich kritisch äußerst. Respektiere besonders in der Frage der Adoption eines Kindes die persönliche Entscheidung des Paares, selbst wenn du in dieser Situation anders entscheiden würdest.

▷ Achte die Privatsphäre deiner Freunde oder Bekannten.

Wenn du Zweifel hast, ob sie sich mit der Problematik der Kinderlosigkeit herumschlagen, aber von selbst nichts sagen, versuche die Tür zum Gespräch offenzuhalten.

Eine vage Frage wie: „Möchtet ihr auch eines Tages eine Familie haben?" überläßt ihnen die Entscheidung wie offen sie daraufhin antworten wollen. Wenn sie sich nicht öffnen, akzeptiere ihre Privatsphäre, und halte dich mit weiteren Kommentaren zurück.

QUELLENANGABEN

[1] Debra Bridwell: „The ache for a child", Victor Books, 1994, S. 27

[2] Joy Cooke: „Why us, Lord?", Pickering Paperbacks, 1985, S. 29

[3] Sister Jane Marie Lamb, „Stillbirth, Miscarriage, and Infant Death: Understanding Grief", St. Charles, MO

[4] Debra Bridwell: „The ache for a child", S.194/195

[5] Dr. Wolfgang Furch, FAMILY, 4/95, S. 71

[6] Dr. Erich Hermann, FAMILY, 1/96 S. 28

[7] Schirren/Bettendorf/Leidenberger/Frick-Bruder: „Unerfüllter Kinderwunsch", Deutscher Ärzteverlag, Köln, 1989, S. 46

[8] Bill Hybels, FAMILY, Nr. 3/95, S. 80

[9] Byron C. Calhoun: „When a husband is infertile"; Baker Books, 1994, S.38 u. 42

[10] Byron C. Calhoun: „When a husband is infertile"; S. 25

[11] Joy Cooke: „Why us, Lord?"; S. 39

[12] Joy Cooke: „Why us, Lord?"; S. 73

[13] Claudia Filker, FAMILY, 4/93, S. 14

[14] Debra Bridwell: „The ache for a child", S. 261

[15] „Lydia", 3/94, S.6

Von Birgit und Dr. Wolfgang Schilling gibt es auch eine MC zum Thema:

Der Wunsch nach Kindern
Wie Ehepaare mit Kinderlosigkeit umgehen können

Mit großer Offenheit und aus eigener Erfahrung gewachsenem Verständnis berichten Birgit und Wolfgang Schilling in diesem Vortrag ganz persönlich von ihren Fragen, Zweifeln und Kämpfen im Umgang mit der Kinderlosigkeit.
Kompetent und ehrlich schildern sie die verschiedenen Phasen in der Verarbeitung des schmerzhaften Einschnitts, den der unerfüllte Kinderwunsch in ihrem Leben bedeutete.
Doch sie sprechen auch von neuen Perspektiven und ihrem durch diese Erfahrung vertieften Vertrauen in Gott.

Vortragscassette, ca. 60 Minuten
Bestell-Nr. 960 837

John Cowart
**Warum bekomme ich nicht,
um was ich bete?**

Warum bekomme ich eigentlich nicht, um was ich
bete? Warum werden manche Gebete scheinbar
erhört und andere nicht? Bete ich „falsch", oder
stimmt etwas nicht mit meinem Glauben? Interessiert
sich Gott wirklich für meine Anliegen? Und was
macht Beten überhaupt für einen Sinn, wenn Gottes
Wille ohnehin geschieht?
Mit befreiender Ehrlichkeit und ansteckendem
Humor läßt sich der Autor ganz bewußt auf seine
eigenen Fragen und Zweifel zum Thema Gebet ein.
Aber Vorsicht? Dieses Buch liefert Ihnen keine
Anleitung für ein „erfolgreiches" Gebetsleben –
und auch keine genußfertig servierte Antwort auf
die bohrende Frage „Warum bekomme ich nicht,
um was ich bete?"
Mehr und mehr entwickelt sich die Lektüre dieses
Buches zu einem geistigen und geistlichen
Abenteuer, an dessen Ende Sie zu neuen
Perspektiven und persönlichen Antworten kommen
können.

Paperback, 200 Seiten
Bestell-Nr. 815 343

Willard F. Harley
Meine Wünsche – deine Wünsche
Die Bedürfnisse des Ehepartners
erkennen und erfüllen

Eine gute Ehe zu führen ist wohl der Wunsch eines
jeden Paares, das sich das Jawort gibt. Doch die
besten Bemühungen um tiefe Harmonie und
Erfüllung scheitern oft am mangelnden Einblick in
die Bedürfnisse des anderen.
Während für eine Frau beispielsweise Vertrauen
und finanzielle Sicherheit zu den emotionalen
Grundbedürfnissen gehören, sind für den Mann
Harmonie und Anerkennung besonders wichtig.
Wenn ein solches Grundbedürfnis vernachlässigt
wird, können ernsthafte Konflikte entstehen – oder
schlimmer noch: ein Ehepartner gerät in die
Versuchung, die fehlende Erfüllung in einem
außerehelichen Verhältnis zu suchen ...
In diesem hilfreichen und praxisnahen Buch
erfahren Sie, wie Ehepartner die emotionalen
Grundbedürfnisse des anderen erkennen und
erfüllen können – und so ihre Ehe lebendiger und
krisenfester gestalten als je zuvor!

Paperback, 260 Seiten
Bestell-Nr. 815 335